LIBERDADE IGUAL

Gustavo
Binenbojm

LIBER-
DADE
IGUAL

O que é e por que importa

R
HISTÓRIA REAL

© 2020 Gustavo Binenbojm

PREPARAÇÃO
Kathia Ferreira

REVISÃO
Eduardo Carneiro
Roberto Jannarelli

DIAGRAMAÇÃO
Equatorium Design

DESIGN DE CAPA
Angelo Bottino

CIP-BRASIL. CATALOGAÇÃO NA PUBLICAÇÃO
SINDICATO NACIONAL DOS EDITORES DE LIVROS, RJ

B499L
   Binenbojm, Gustavo
     Liberdade igual: o que é e por que importa / Gustavo Binenbojm. - 1. ed. - Rio de Janeiro: História Real, 2020.
     112 p.; 23 cm.

   ISBN 978-65-87518-00-8
     1. Direitos fundamentais - Brasil. 2. Direitos humanos - Brasil. 3. Democracia - Brasil. 4. Direito à privacidade. 5. Liberdade de expressão. 6. Liberdade de informação. 7. Liberdade religiosa. I. Título.

20-64846
                        CDU: 342.7(81)

Leandra Felix da Cruz Candido - Bibliotecária - CRB 7/6135

1ª EDIÇÃO
Agosto de 2020

[2020]
Todos os direitos desta edição reservados a História Real, um selo da Editora Intrínseca Ltda.
Rua Marquês de São Vicente, 99, 3º andar
22451-041 – Gávea
Rio de Janeiro – RJ
Tel./Fax: (21) 3206-7400
www.historiareal.intrinseca.com.br

PAPEL DE CAPA
Cartão Supremo Alta Alvura 250g/m^2

PAPEL DE MIOLO
Pólen Soft 80g/m^2

TIPOGRAFIA
Dante MT

IMPRESSÃO
Lis Gráfica

A meus pais, que sempre respeitaram sinceramente as escolhas dos filhos.

Sumário

Nota do editor 9

Apresentação
Liberdade igual: o que é e por que importa 13

1. Liberdade de expressão e de informação 21
Liberdade degenerada 23
Cala a boca já morreu 26
Direito ao esquecimento: a censura no retrovisor 31
Sem meias palavras: controle social da mídia 34
Pela porta dos fundos 37

2. Liberdade religiosa e laicidade estatal 41
Recusa a tratamentos médicos invasivos por motivos
religiosos: o direito aos próprios riscos 42
Ensino público religioso confessional? 48
Estado laico e política cultural proselitista 51
O lugar de fala e a armadilha identitária 54

3. Liberdade política 57
Humor, política e liberdade de crítica jornalística 58
Marcha da Maconha 61
Facebook e participação política 65
Reforma política e democracia plebiscitária 67
O Supremo e a agenda do Congresso 69
Cláusula de barreira e partidos políticos: quando menos é mais 71
O Supremo, afinal, representa o povo? 73

4. Liberdade de iniciativa 79
Populismo regulatório 81
Livre concorrência e inovação 83
Liberdade de exercício profissional 88

5. Liberdades existenciais
e autonomia privada 91
Liberdade de orientação sexual e de identidade de gênero 92
Direito ao próprio corpo, perfeccionismo moral e paternalismo 94
Direito à morte digna 98
Mínimo existencial: as condições da liberdade 102

Posfácio 107
Notas 109

Nota do Editor

Conheci Gustavo Binenbojm no bom combate em defesa da liberdade de expressão. Ele, advogado responsável pela ação direta de inconstitucionalidade movida pelo Sindicato Nacional dos Editores de Livros (Snel), no Supremo Tribunal Federal, contra a proibição de biografias independentes. Eu, vice-presidente do Snel e um dos responsáveis do sindicato pela condução da ação.

Nossa causa era justa, a proibição regressiva e carente de fundamento constitucional. Mas foram a potência dos argumentos e o profundo saber jurídico de Gustavo que garantiram a nossa vitória, sintetizada pela exclamação da ministra Cármen Lúcia, relatora da ação "Cala a boca já morreu!". Naquele embate nasceu uma genuína admiração por Gustavo, seu intelecto e visão de mundo.

Seis anos depois, quando criei, juntamente com Jorge Oakim, o selo História Real, pensei em Gustavo. O selo publica não ficção de autores brasileiros. Se interessa por reportagem, história, biografia e, num sentido mais amplo, livros que tragam uma reflexão contemporânea sobre questões vitais da vida brasileira.

Entre essas questões, acredito, está uma crise de representatividade política. Diante de certa paralisia dos partidos tradicionais, o Judiciário tem sido solicitado a exercer uma função deliberativa e moderadora sem precedentes na nossa história. Esse quadro suscita inúmeras questões e Gustavo me pareceu singularmente qualificado para discuti-las.

Convidei-o para almoçar e apresentei minha sugestão. Como costuma acontecer quando as ideias ainda não estão plenamente amadurecidas, falei um bocado. Gustavo ouviu gentilmente e pediu para pensar. Dias depois, me respondeu. Explicou que minha ideia abrangia um universo jurídico muito amplo, mas que ele tinha uma abordagem mais bem delineada, centrada em um único tema de amplo alcance na vida dos brasileiros para sugerir. Este livro é o fruto dessa proposta.

Na Apresentação desta obra, Gustavo afirma que "a liberdade – entendida como possibilidade de definir o próprio destino – é o atributo essencial da condição humana". De fato, a liberdade, e sua corolária, a responsabilidade do indivíduo por suas escolhas, informam a evolução da sociedade humana desde sua gênese. Mas a discussão sobre a forma como ela é exercida ganhou peso e urgência, face às transformações em curso no mundo.

O crescimento exponencial de tecnologias como inteligência artificial, geolocalização e reconhecimento facial criou novas possibilidades de controle sobre o indivíduo, não só por governos, como por grandes corporações tecnológicas de alcance planetário. Essa transformação acontece simultaneamente ao surgimento de lideranças populistas e autoritárias em diversos países, nos dois polos do espectro ideológico.

Este livro situa a questão da liberdade e das leis que a regulam, no momento em que esta se vê ameaçada. A análise de Gustavo é calcada em casos concretos, que afetam a vida de todos. Ele apresenta os fatos sem afetação ou retórica, e os analisa com notável rigor e independência de pensamento. Mas talvez o seu maior mérito seja a capacidade de trazer essa reflexão para o universo social e legal brasileiro. Gustavo examina como se articula o exercício da liberdade individual no contexto da tradição de um Estado tutelar, gerador de privilégios. Aqui, sua contribuição é não só reveladora, como original. Ela nos ajuda a entender o que, de fato, é o imperativo da liberdade num país como o nosso, desigual e, em muitos sentidos, arcaico.

Liberdade igual, de Gustavo Binenbojm, é a expressão de um pensamento renovador, articulado com rara clareza. Não poderia haver autor ou obra melhor para inaugurar a vida do História Real.

Roberto Feith

Apresentação

Liberdade igual: o que é e por que importa

Liberdade igual é um conceito paradoxal: somos igualmente livres para sermos diferentes. O exercício pleno da personalidade humana, sob condições e circunstâncias únicas, subverte a ideia de uma igualdade estática. Como então associar o ideal igualitário a algo tão subversivo e indomável quanto a liberdade individual? Esse dilema é a raiz comum a todos os ensaios reunidos neste livro.

O homem está condenado à liberdade. Lançado no mundo sem um manual de instruções que explique quem é, o que faz aqui e o sentido da vida, ele se depara com esta inexorável contradição: é absolutamente livre para escolher o projeto que desejar; porém é o responsável por suas escolhas, carrega o fardo de ter de inventar-se a si mesmo. Mais do que uma decisão meramente individual, a escolha acaba tendo sempre um compromisso para com os outros, uma pretensão *universalizante*.[1] Ser livre é escolher para si e, em certa medida, também para os outros, de maneira compartilhada. Portanto, a liberdade – entendida como possibilidade de definir o próprio destino – é o atributo essencial da condição humana, que nos une e iguala numa empreitada coletiva.

A visão da liberdade como algo essencial à *humanidade* do homem traduz-se, na tradição liberal, pela sua proclamação como valor fundante dos direitos individuais e da dignidade humana. Nesse sentido, a ideia de liberdade consiste em reconhecer a cada pessoa o direito de ter a sua própria concepção de bem e de estabelecer o sentido da sua vida sem interferências externas. Mas a liberdade de cada um deve conviver com a liberdade de todos.

O filósofo russo-britânico Isaiah Berlin analisa como o conceito de liberdade negativa (ou "liberdade *de*") derivou, ao longo da segunda metade do século XIX e do século XX, para o de liberdade positiva (ou "liberdade *para*").[2] Enquanto o primeiro estava relacionado à não interferência externa, o segundo passou a identificar-se com a autonomia pública do indivíduo no âmbito político. Ser livre deixava de significar não sofrer restrição no que posso fazer, para tornar-se um engajamento em um projeto coletivo de organização social. Assim, ele demonstra que a ideia de liberdade positiva se desenvolveu como uma projeção da racionalidade individual para a esfera pública, criando sistemas de poder que, em nome de um objetivo coletivo transcendente, cerceavam a liberdade individual.

Nesse contexto, a liberdade acaba por identificar-se, curiosamente, com a autoridade. Isso porque a liberdade deixa de ser vista como um direito essencialmente individual para integrar-se a um projeto coletivo de felicidade, do qual todos os indivíduos têm que obrigatoriamente comungar. Cabe lembrar que Berlin, nascido na Letônia, viveu de forma intensa os regimes totalitários do século XX, tendo apontado as indisfarçáveis semelhanças entre o fascismo, o nazismo e o comunismo. Enfrentou, pois, a distinção proposta pelo marxismo entre a liberdade meramente formal do liberalismo – que permitia a opressão do proletariado pela burguesia – e uma liberdade real, que só seria alcançada pela via revolucionária, com a implantação da ditadura do partido único e a coletivização dos meios de produção. Não sem alguma ironia, o filósofo francês Raymond Aron afirma que, nos países do antigo bloco comunista, onde as liberdades formais foram suprimidas, elas pareciam estranhamente reais aos que delas foram privados.[3] Os regimes igualitaristas falharam não apenas na realização do ideal igualitário, mas também na preservação da liberdade.

Esse aprendizado histórico leva os liberais contemporâneos a atribuir um valor transcendente aos direitos de liberdade, protegendo-os de eventuais maiorias que tentem restringi-los. Tanto é assim que, na obra do filósofo norte-americano John Rawls, talvez o maior teórico da justiça do século XX, a liberdade tem prioridade sobre a igualdade. Em seu primeiro princípio, Rawls afirma: "Toda pessoa tem um direito igual a um sistema plenamente adequado de liberdades fundamentais iguais que seja compatível com um sistema similar de liberdades para todos."[4] Os direitos fundamentais são associados ao valor "liberdade" no sentido de autodeterminação do indivíduo, imune a qualquer constrição estatal. Segue daí que o Estado não deve adotar nenhuma das diferentes concepções coletivas de *felicidade*, de forma a assegurar o pluralismo e o *desacordo razoável* no seio da sociedade. E a única forma de assegurar esse propósito é por meio da inviolabilidade dos direitos individuais. Cada pessoa é um fim em si mesma e ninguém pode ser instrumentalizado em nome de nenhum ideal coletivo superior.[5]

Admite-se, ainda, que na dimensão material da liberdade estejam inseridos os direitos econômicos e sociais básicos, essenciais à dignidade humana, que constituiriam o chamado mínimo existencial.⁶ Sua inclusão no elenco de liberdades fundamentais se justifica na medida em que constitui verdadeira condição das demais liberdades civis e políticas, em especial em países como o Brasil, de elevado grau de desigualdade social, no qual a pobreza e a miséria dificultam o exercício da cidadania. É relevante observar que os direitos que compõem o mínimo existencial não são assegurados, na visão liberal, com fundamento em argumentos de justiça social, mas como condição necessária para o exercício da liberdade. No dizer do advogado e professor Ricardo Lobo Torres, "sem o mínimo necessário à existência cessa a possibilidade de sobrevivência do homem e desaparecem as condições iniciais da liberdade. A dignidade humana e as condições materiais da existência não podem retroceder aquém de um mínimo, do qual nem os prisioneiros, os doentes mentais e os indigentes podem ser privados".⁷

A ideia da igualdade, então, consiste em assegurar a todos os indivíduos o acesso a um sistema adequado de liberdades fundamentais que permita o pleno desenvolvimento da personalidade humana. Dessa forma, a igualdade, no sentido liberal, assume a feição de igualdade básica de oportunidades, que é a *igualdade na liberdade*, sem que isso importe qualquer compromisso com a igualdade de resultados. Como dito pelo cientista político e sociólogo José Guilherme Merquior, "a igualdade de oportunidade não é uma estática regida por um valor-fim, a igualdade; é antes uma dinâmica em aberto, norteada por uma causa libertária: a supressão do privilégio".⁸

O sistema de direitos fundamentais seria, assim, aquele que assegura as liberdades inalienáveis do indivíduo, nelas se incluindo os direitos individuais (ou civis, conforme chamados no direito anglo-saxônico), os direitos políticos e os direitos sociais e econômicos mínimos que integram o mínimo existencial.⁹ Nenhuma maioria legislativa poderá deliberar contra esses direitos, não apenas em virtude de sua previsão no texto constitucional, mas sobretudo em função de seu papel decisivo para a existência da própria democracia. Com efeito, uma democracia só pode ser verdadeiramente considerada "governo segundo a vontade do povo" se os cidadãos forem vistos como agentes morais autônomos e tratados com igual respeito e consideração.[10] Os direitos fundamentais são, portanto, uma condição necessária e não uma limitação à democracia. Sem eles não há cidadania em sentido pleno nem processo real de deliberação democrática.

Mas em que essa questão interessa à realidade brasileira na terceira década do século XXI? Penso que há razões relevantes para nos preocuparmos com as liberdades básicas no Brasil de hoje. A mais importante dessas razões tem origem histórica. O país foi colonizado durante a Contrarreforma, que conformou a sua mentalidade. Enquanto na Europa a modernidade rompia com a visão de mundo construída a partir da unidade entre Estado e Igreja,[11] aqui estivemos, até boa parte do século XIX, sob o jugo da Inquisição e do controle eclesiástico em todos os aspectos da vida nacional – tanto pública quanto privada. O Estado antecedeu a sociedade e moldou-a à sua imagem e semelhança. A ideia de uma sociedade civil, apartada do Estado, talvez só tenha surgido mesmo com a Primeira República, ainda assim de maneira seletiva e limitada à elite. Não à toa fomos o último país do mundo a abolir a escravidão negra. A própria existência da escravidão marcaria profundamente a constituição da identidade brasileira, não apenas criando relações sociais hierarquizadas, mas também permitindo uma experiência de absoluta ausência de liberdade de grande parcela da nossa população.

Do ponto de vista econômico, além do fechamento dos portos e da proibição de empreender manufaturas na Colônia – normas que só seriam superadas com a vinda da Família Real para cá –, o Brasil sofreu a profunda influência do Mercantilismo, a prática de controle dos Estados absolutistas europeus sobre a economia de suas colônias. Estava em nosso DNA o gosto oficialista pelo carimbo da autoridade, a visão dos negócios a partir da iniciativa estatal e a desconfiança em relação a tudo o que era privado. Até porque, convenhamos, o privado era um conceito residual, quase inexistente. O patrimonialismo se enraizou entre nós como um traço de nossa cultura: se ao Estado cabiam todas as iniciativas, por que não se apropriar dele como um agente promotor do bem-estar individual? A confusão entre o público e o privado, que até hoje caracteriza a vida brasileira, tem origem na ausência de cidadãos livres e proprietários capazes de resistir ao poderio estatal e com interesse em promover tal resistência. Onde não se protegem os direitos, proliferam os privilégios de alguns poucos.

O ponto é que esse ambiente forjou uma cultura política *tutelada*, na qual a própria liberdade, além, é claro, da propriedade privada, era uma concessão governamental. Isso soa hoje como exagero, mas nada tem de exagerado numa perspectiva histórica mais alongada. Decerto, a existência de um quadro de radical desigualdade também dificulta a confiança no valor da liberdade, pois sempre há a preocupação de que as assimetrias de poder entre as pessoas sufoquem ou debilitem a esfera de direitos dos menos favorecidos.

Erigimos um sistema jurídico de liberdades permeado de ressalvas – exceções que, na melhor tradição pátria, em muitos casos se tornam a regra. Pessoas maiores e capazes podem dispor livremente de seu patrimônio. Entretanto, consagramos aqui o chamado instituto da legítima, que destina obrigatoriamente metade dos bens do falecido a herdeiros necessários, como filhos. A vida é um direito individual. Todavia, criamos todo tipo de restrições às escolhas individuais que importem riscos para a pessoa. O Estado brasileiro ainda se arroga a condição de tutor de seus cidadãos.

Na esfera pública, a liberdade é um bem ainda mais escasso, submetido a intenso controle estatal. Talvez não haja no mundo uma legislação eleitoral tão abusivamente censória como a nossa. Todos os meios e veículos de comunicação estão submetidos a regulações as mais diversas, a ponto de a Justiça Eleitoral admitir a ideia de que, nas eleições, a regra é o controle de forma, tempo e conteúdo das manifestações – e a liberdade, a exceção. Não há espaço para candidaturas independentes, as máquinas partidárias controlam os recursos públicos destinados ao financiamento das campanhas e, por fim, leis e regulamentos definem quando, como e o que se pode falar.

No quadro mais amplo da liberdade de expressão, a situação também é grave. Superamos o estágio primitivo da censura oficial, realizada pelo Poder Executivo, mas formas censórias redivivas – que não ousam dizer seu nome – agem cotidianamente no país. Ainda pululam leis que impõem restrições absurdas à liberdade de comunicação, e o Poder Judiciário – à exceção honrosa do Supremo Tribunal Federal nos últimos anos – tem feito por merecer o título de novo censor máximo do país. Com um cardápio que vai da busca e apreensão de livros à remoção de conteúdos da internet, passando pela tentativa de controle de horário de programas de TV e de espetáculos públicos, a Justiça parece ter se convertido na legítima sucessora da malsinada Censura Federal.

Contra esse pano de fundo da cultura política e jurídica nacional surgem, no entanto, iniciativas libertárias. Não se trata de um movimento social organizado e articulado, institucional. Trata-se, isso sim, de um movimento difuso, mas significativo, da sociedade civil *desorganizada* que rejeita a ideia de um destino histórico arcaico e regressivo, embora reconheça o legado autoritário, oficialista e estatizante de nossa tradição. Essa herança persistente desafia a nossa capacidade, como comunidade, de construir um novo *ethos* fundado na liberdade igual de todos os cidadãos.

Os ensaios reunidos neste livro versam sobre cinco distintas dimensões da liberdade humana, sempre no contexto da sociedade brasileira, dispostos na seguinte sequência: 1. Liberdade de expressão e de informação; 2. Liberdade religiosa e laicidade estatal; 3. Liberdade política; 4. Liberdade de iniciativa; 5. Liberdades existenciais e autonomia privada. Aqui se encontram discussões travadas em artigos publicados na grande imprensa e em periódicos especializados, bem como em processos de casos que defendi perante o Supremo Tribunal Federal. Em alguns deles apresento o que o nosso Direito já é; em outros, apenas o que poderia ser.

1. Liberdade de expressão e de informação

Há diversas razões para a defesa da liberdade de expressão e de informação como um direito fundamental, tal qual reconhecida na Declaração Universal dos Direitos do Homem e em todas as Constituições do mundo democrático. Da perspectiva individual, a livre manifestação da consciência e do pensamento deve ser justificada como manifestação e corolário da especial dignidade da pessoa humana, centro espiritual e moral da produção de sentido e cultura. Afinal, como lindamente sintetizado pelo filósofo alemão Martin Heidegger, "a linguagem é a morada do ser. É nessa morada que habita o homem".[1]

Do ponto de vista coletivo, as liberdades comunicacionais e informativas assumem um papel funcional e estruturante – dir-se-ia mais até, um papel verdadeiramente constitutivo – nas sociedades liberais e democráticas. Não me refiro apenas à dimensão institucional da imprensa livre, importantíssima, sem dúvida, para a própria existência da democracia. À maneira do filósofo e economista britânico Stuart Mill,[2] refiro-me a um argumento de defesa da liberdade de expressão que se poderia considerar epistêmico.[3] Com efeito, as sociedades liberais ocidentais foram erigidas a partir da premissa da falibilidade humana e, portanto, da ausência de monopólio da verdade. Porque nossas crenças e opiniões são falíveis devemos avaliá-las criticamente, com abertura de espírito, em um ambiente de livre expressão pública. Mas como garantir que a crença na liberdade de expressão não seja, ela própria, falsa? Ao excluir a aplicação do princípio da falibilidade à própria liberdade de expressão, não se estaria a incorrer numa contradição performativa? A resposta é negativa.

O fato de as crenças humanas poderem ser falsas não significa que todas o sejam. Como não existe um processo infalível de determinação do que é falso e do que é verdadeiro (certo ou errado, justo ou injusto), a discussão pública parece ser a forma mais legítima de deliberação em assuntos de interesse coletivo. Ainda que o debate público não assegure o acesso privilegiado à verdade (ao certo ou ao justo), a garantia da liberdade de expressão tem o mérito de não excluir aprioristicamente ideias e opiniões do debate público, desde que ela própria fique preservada. Em outras palavras, ela é condição de possibilidade para todas as demais discussões relevantes numa sociedade livre e democrática.

Liberdade degenerada

O conceito de "arte degenerada" ilustra bem o processo de degeneração por que passa a liberdade de expressão em nosso país, nos dias de hoje. Do alemão *entartete Kunst*, a expressão foi cunhada para difamar, discriminar e perseguir pintores, escultores, músicos e artistas em geral que produziam obras fora dos padrões da estética nacional-socialista germânica. Mais do que mera censura – já grave por si só –, o regime nazista pretendeu estabelecer um padrão estrito e oficial de arte. Esse padrão, fundado em concepções racistas e autoritárias, promoveu o banimento e a marginalização de artistas judeus, comunistas ou simplesmente independentes, como Piet Mondrian, Emil Nolde e Oskar Schlemmer.

Os personagens mudaram, alguns métodos mudaram – embora outros insistam em se repetir – e o contexto institucional mudou. Mas o desejo atávico de calar a voz do diferente, de exterminar o mutante, de silenciar o inconcebível subsiste vivo entre nós, mais do que nunca. A face estética do ambiente polarizado que tomou conta do Brasil encurrala a liberdade de expressão artística entre dois vetores contrapostos, porém aliados na cruzada de reprimir o que consideram manifestações "degeneradas": os movimentos conservadores e as patrulhas ideológicas. Ainda que oriundas de lados opostos do espectro político, essas correntes têm em comum a crença de que detêm o monopólio da verdade e a descrença na diversidade como valor essencial à democracia.

A reação conservadora, de inspiração às vezes religiosa fundamentalista e em muitos casos puramente oportunista, tem produzido efeitos deletérios sobre o mercado de artes, com o cancelamento de exposições em museus, a retirada de patrocínios e a instauração – por surpreendente que seja a repetição da história – de uma comissão parlamentar de inquérito para apurar possíveis crimes perpetrados por artistas envolvidos em performances com corpos nus, crianças e símbolos litúrgicos. Numa manipulação grosseira dos conceitos de pedofilia e de crimes contra o sentimento religioso, políticos de eleitorado conservador buscam criar uma *caça às bruxas* contra artistas supostamente degenerados, quando a degeneração está na cabeça dos algozes. Até mesmo uma revista em quadrinhos contendo um beijo gay foi apreendida em uma Bienal do Livro por ordem do prefeito do Rio de Janeiro, no suposto exercício de uma espécie de polícia de costumes. *Omnia munda mundis*! Para os puros todas as coisas são puras.[4]

De outra parte, as patrulhas ideológicas exercem, pela esquerda, o mesmo papel que os conservadores desempenham pela direita. Atribuir nota zero a estudante que ouse de alguma maneira criticar a teoria dos direitos humanos – como ocorreu na correção das redações do Exame Nacional do Ensino Médio (Enem) – é pretender elevar determinados intelectuais públicos à condição de vanguarda iluminista da sociedade. O problema é que, muitas vezes, os intelectuais estão cooptados, seduzidos ou simplesmente equivocados. Daí a importância daquela voz minoritária, às vezes isolada, que sai do anonimato e grita que o rei está nu. Fenômeno parecido aconteceu recentemente quando do lançamento do filme *Vazante*, de Daniela Thomas, cujo enredo aborda a escravidão fora dos padrões exigidos pelo *establishment* acadêmico. O filme decerto está sujeito a críticas de todos os matizes e faz jus a boa parte delas, exceto a de que a diretora não teria legitimidade para tratar da escravidão por ser branca ou por não ser ativista militante.

A liberdade de criação e de expressão artística não é um valor absoluto e inquestionável. Aliás, discuti-la é parte do conceito da própria liberdade de expressão intelectual e tem levado algumas nações a proscrever as manifestações voltadas puramente para a propagação do ódio e da violência, por exemplo. Fora esses casos, a garantia constitucional da liberdade de expressão deve preservar o espaço para que o artista conceba o inconcebível, diga o indizível e transforme em arte qualquer sentimento humano. Pensar a liberdade apenas para quem pensa igual é subvertê-la, degenerá-la. A arte pode até ser, conforme o caso, de direita ou de esquerda. Mas a liberdade de criá-la, produzi-la e torná-la pública não pertence a partido, ideologia ou facção. A subjetividade do artista é necessária porque a vida real não nos basta. Amar a liberdade de expressão artística significa defendê-la para todos, saber admirá-la ou apenas tolerá-la, ainda quando ela possa ser usada contra nós.

Cala a boca já morreu

O gesto de cruzar o dedo contra os lábios simboliza um dos mais primitivos instintos humanos, que é o de pretender silenciar quem nos ameaça com uma ideia diferente sobre o mundo ou sobre nós mesmos. Enquanto nas ditaduras a censura se impõe pela força e pelo medo, nos regimes democráticos ela é um mal que assume formas veladas e mais sutis de controle do livre mercado de ideias e informações. No entanto, qualquer que seja o nome que se lhe dê ou o pretexto sob o qual seja adotada, o propósito da censura é sempre o mesmo: controlar o que os cidadãos podem saber, de modo a determinar como devem pensar.

Fui advogado dos editores de livros contra a censura à publicação de obras biográficas que não contavam com a autorização das pessoas nelas retratadas, defendendo a inconstitucionalidade dos artigos 20 e 21 do Código Civil. É que, ao criar a exigência da prévia autorização do biografado, de personagens coadjuvantes ou de seus familiares (na hipótese de pessoas já falecidas), a lei civil acabava por lhes conferir um poder de veto sobre relatos biográficos, configurando algo equivalente, em seus efeitos, a uma forma privada de censura que vinha sendo exercida por meio de ordens judiciais de proibição e mandados de busca e apreensão.

Em raras ocasiões na história do Supremo Tribunal foi possível testemunhar tão significativa manifestação de um genuíno *sentimento constitucional* contrário a essa antiga forma de cerceamento à liberdade de expressão e de informação. Assistimos à exposição pública de argumentos favoráveis à procedência da ação por parte das mais representativas instituições públicas e entidades privadas do país, bem como por cidadãos em geral. Em favor da liberação de biografias não autorizadas destacaram-se em tal contexto as declarações da Procuradoria-Geral da República, do Conselho

Federal da Ordem dos Advogados do Brasil, da Academia Brasileira de Letras (pela unanimidade de seus acadêmicos), do Instituto Histórico e Geográfico Brasileiro, do Conselho de Comunicação Social do Congresso Nacional, da Associação Brasileira de Constitucionalistas Democratas e do próprio Ministério da Cultura, por intermédio do presidente da Biblioteca Nacional. Um caso exemplar em que se pôde presenciar uma verdadeira *sociedade aberta de intérpretes da Constituição* no pleno vigor de seu funcionamento.

A exigência da prévia autorização como condição para a publicação de biografias escritas ou audiovisuais violava a Constituição brasileira de múltiplas formas. Por um lado, a Constituição garante a liberdade de manifestação do pensamento e da atividade intelectual, artística, científica e de comunicação, *independentemente de censura ou licença* (Constituição Federal de 1988, art. 5º, inciso IX). Por evidente, ninguém precisa de autorização para ser livre. Além disso, a vedação a qualquer espécie de censura e licença se aplica tanto ao Estado, no plano vertical, quanto aos particulares, no plano horizontal. A liberdade de expressão assegura aos biógrafos a possibilidade de acesso às fontes de pesquisa, de interpretação e de escrita, conforme preconizado pelo historiador e acadêmico José Murilo de Carvalho. Biógrafo de Pedro II, ele nos revelou o notável espírito de estadista do imperador em relação ao compromisso com a plena liberdade de imprensa, sobretudo quando esta o atacava de forma impiedosa.

Por outro lado, o mesmo Texto Constitucional contempla o direito à informação livre como um direito de toda a cidadania, abarcando as *liberdades de informar, informar-se e ser informado*. Longe de atender a uma curiosidade mórbida ou à mera bisbilhotice, a biografia é simultaneamente um gênero literário e uma fonte da história, investigada pela ótica dos personagens que a protagonizaram. Afinal, a trajetória dos protagonistas da vida brasileira é parte fundamental da construção de uma identidade nacional.

Como nos ensinou a escritora Ana Maria Machado, os relatos biográficos "nos fomentam a consciência de quem somos e como nos construímos ao longo dos tempos, com nossas qualidades e nossos defeitos, nossa capacidade de superação e nossas limitações, nossos erros a serem evitados e nossos acertos a serem desenvolvidos".[5]

Por evidente, o controle prévio das biografias e a filtragem de documentos, depoimentos e informações pelo biografado ou pela família comprometem a liberdade de informação e a busca da verdade, na medida em que as autobiografias e as biografias autorizadas tendem a se constituir como discursos laudatórios ou verdadeiras homenagens ao biografado. De novo com mestre José Murilo, biografia autorizada é currículo. Ou com o imenso Millôr Fernandes, para quem a homenagem do biógrafo ao biografado é biografá-lo, e não pedir a sua autorização.

O gênero literário *biografia* pressupõe o entrecruzamento entre a vida do indivíduo e a vida da coletividade, sendo essencial para a preservação da memória e da historiografia social. Ao impedir a publicação de obras biográficas não autorizadas, a lei civil cria um monopólio das autobiografias ou das biografias autorizadas, que representam apenas a visão do protagonista dos fatos narrados. Tal restrição vai de encontro à proibição de formação de *monopólios ou oligopólios* nos meios de comunicação (CF/88, art. 220, §5º) e contraria o princípio do pluralismo político (CF/88, art. 1º, inciso V), tomado aqui não no sentido político-partidário, mas, sim, no da diversidade de mundivisões que caracteriza as complexas sociedades contemporâneas.

A exigência de autorização prévia é sempre inconstitucional, pois implica atribuir a alguém um direito absoluto a silenciar o que o outro teria a dizer. No caso, entretanto, das chamadas figuras públicas ou de pessoas envolvidas em acontecimentos de interesse público, a inconstitucionalidade é ainda mais flagrante. Por evidente, figuras públicas, que exercem poder social, institucionalizado ou não, devem estar sujeitas ao escrutínio constante da imprensa e, por igual razão, não têm direito algum de vetar eventuais obras que tenham por objetivo relatar a sua trajetória de vida.

A liberação das biografias não autorizadas não importa qualquer arranhão à vida privada das pessoas retratadas. Trata-se de um falso argumento. Ninguém está a buscar aqui uma carta branca para a prática de atos ilícitos por parte de pesquisadores, historiadores ou jornalistas. Não se cogita aqui da subtração de documentos reservados, da invasão de computadores que contenham dados sigilosos, da violação de comunicação privada, nem do ingresso em recintos domiciliares, que representam o asilo inviolável do indivíduo. O trabalho de pesquisa histórica se realiza no limite da legalidade, pelo resgate de depoimentos esquecidos, por entrevistas com pessoas envolvidas nos fatos em apuração, pelo garimpo lícito de documentos históricos em arquivos públicos ou privados. Ninguém tem direito à prática de condutas ilegais, de modo que poderão constar das biografias as informações que tiverem sido legalmente apuradas ou voluntariamente reveladas por seus detentores.

Por fim, que não se pretenda substituir a autorização prévia do biografado por um controle judicial caso a caso, no qual caberia ao juiz avaliar os aspectos da vida do protagonista ou de personagens coadjuvantes que tenham ou não relevância pública. Isso significaria dar com uma mão e tirar com a outra, condenando as biografias a um contencioso de alto grau de subjetividade e com enorme potencial para inviabilizar o gênero no país. Que o temor do abuso não impeça o uso legítimo da liberdade de expressão, até porque, evidentemente, a porta do Judiciário estará sempre aberta para os casos nos quais, por exemplo, a imputação dolosa de fatos sabidamente falsos possa ensejar a responsabilização civil ou mesmo criminal dos responsáveis.

Como regra, no entanto, e parafraseando Stuart Mill, o melhor remédio para as más biografias serão as boas biografias. Conforme costuma acontecer em qualquer democracia, a verdade histórica não é um dado imposto pelo Estado ou por seus protagonistas, mas um processo em constante construção e reconstrução que pressupõe pluralidade de versões e diversidade de fontes e de interpretações, cabendo a formação das convicções e opiniões a Sua Excelência, o leitor.

Essa não foi uma causa apenas dos editores de livros, os quais representei no Supremo. Tampouco foi uma causa apenas dos escritores, historiadores ou acadêmicos. Essa foi uma causa concernente a toda a sociedade brasileira. Foi uma causa, afinal, de todos os que acreditam que as ideias e as palavras podem mudar o mundo. No seu feliz desfecho, o Supremo Tribunal Federal liberou a veiculação de biografias não autorizadas no Brasil e a ministra Cármen Lúcia, relatora do caso, encerrou esse capítulo da nossa história republicana com o adágio popular: "Cala a boca já morreu!" Nenhuma frase erudita teria sido mais adequada.

Direito ao esquecimento:
a censura no retrovisor

Quanto vale o poder de reescrever a própria história? Quanto um político inescrupuloso estaria disposto a pagar para despejar sobre os eleitores uma espécie de *efeito amnésia*, como uma onda a suprimir suas pegadas na areia? Quantos criminosos de guerra não gostariam de viver sob nova identidade, sem deixar vestígios de sua pretérita monstruosidade? Afinal, é humano pensar na vida como um filme a ser editado, no qual o protagonista seria sempre o herói e o desfecho sempre feliz. Pois não estamos falando de uma obra de ficção, em que o sonho do regresso ao passado costuma se materializar por meio de alguma máquina do tempo. Nos dias que correm, existe mecanismo produzido pelo arsenal jurídico capaz de alcançar idêntico objetivo, só que no mundo real: o direito ao esquecimento.

O Tribunal de Justiça da União Europeia determinou que o Google retirasse do ar o *link* para uma notícia veiculada dezesseis anos antes pelo jornal espanhol *La Vanguardia* sobre o leilão de um apartamento de propriedade do advogado Mario Costeja González. Tratava-se de um leilão para pagamento de dívidas do proprietário à Seguridade Social. Embora o caso tivesse sido encerrado havia anos com o pagamento, González continuava associado à dívida, pois a edição do jornal fora digitalizada e carregada na internet em 2008. A decisão fundou-se no chamado "direito de ser esquecido". Criou-se, assim, precedente para que qualquer site possa ser obrigado a remover dados "inadequados ou que não sejam mais relevantes".[6]

É conhecida a ação dos agentes de informação (os *data brokers*), empresas dedicadas a recolher, comprar e vender informações pessoais sobre os usuários da internet para alimentar diversos mercados, como os da publicidade e das campanhas eleitorais. Daí a relevância do debate sobre a segurança e a proteção de dados pessoais no ambiente digital, como expressão das garantias constitucionais da intimidade e da privacidade. Dada a amplitude dos termos utilizados no precedente da Corte europeia, o direito ao esquecimento poderá ser invocado para objetivos menos nobres, caso da retirada de notícias sobre fatos de interesse público dos sites de jornais, revistas e redes de TV. Além disso, a produção de documentários de inestimável valor histórico e a veiculação das retrospectivas jornalísticas também poderão estar em risco.

O parâmetro da "inadequação ou irrelevância" da informação é problemático. Em primeiro lugar, porque há informações que podem soar inadequadas aos ouvidos de quem se sinta atingido, mas cuja divulgação seja do mais cristalino interesse social. Por exemplo, no Brasil há decisões judiciais que consideram *inadequada* a veiculação de documentários e obras romanceadas de viés histórico sobre pessoas que, condenadas pela Justiça, já tenham cumprido a pena. A margem de subjetividade sobre o *valor histórico* da informação em cada caso é enorme, dando azo a insegurança e incongruências.

Em segundo lugar, porque nem sempre é possível distinguir, de antemão, os dados que se tornarão *irrelevantes* e poderão ser descartados daqueles que serão essenciais à preservação da memória coletiva e da historiografia social. Em geral, a relevância é associada à contemporaneidade da notícia aos fatos, o que às vezes não é um critério válido. Quem poderia imaginar, por exemplo, que uma fotografia, publicada pelo jornal *O Globo* no dia seguinte ao do suposto acidente automobilístico que causou a morte da estilista Zuzu Angel, revelaria anos depois o rosto de um ex-agente da ditadura militar provavelmente envolvido no episódio? Aqui, caso tivessem sido aplicados os critérios de relevância e contemporaneidade da notícia, a foto certamente teria sido descartada.

Em interessante postura intermediária, a Corte Constitucional italiana procurou harmonizar a liberdade de imprensa e o direito difuso à informação com a proteção da honra e da imagem, mediante decisão de ponderação que impôs a um veículo de comunicação o dever de *atualizar* a notícia acerca de determinada pessoa. Por considerar que seria uma forma de censura exigir que um portal de notícias retirasse do ar uma matéria de interesse público, a Corte exigiu a atualização da notícia, evitando que se cristalizasse para o leitor uma informação antiga que já não expressava a realidade sobre o assunto em questão.

Portanto, os contornos do direito ao esquecimento não podem ser ampliados a ponto de torná-lo verdadeiro estratagema para *queimar os arquivos* dos produtores de conhecimento, cultura e informação – uma espécie de censura no retrovisor. É imperioso que se faça no Brasil um esforço no sentido de uma *calibragem adequada* que tome na devida conta a preservação das liberdades de expressão e de imprensa e, principalmente, o direito à informação da sociedade. Banida a censura prévia pela Constituição de 1988, não é possível que o mero desejo de ser esquecido se convole em censura *a posteriori*.

O passado não é o que passou, mas o que ficou do que passou. Na feliz síntese do jurista português Paulo Otero, conhecer o passado é mergulhar nas raízes do presente.

Sem meias palavras: controle social da mídia

Uma das características sorrateiras da censura é a de negar não apenas as ideias diferentes ou discordantes, mas, sobretudo, a de negar a si mesma. Em todos os tempos e em todos os lugares, a censura jamais se apresenta como instrumento do arbítrio, da intolerância ou do autoritarismo. Ao contrário, ela costuma ser imposta em nome da segurança nacional, da moral ou, quiçá, da própria democracia. Como regra, a censura é um mal que busca travestir-se em sentenças ambíguas e de forte apelo populista.

A expressão "controle social da mídia", em sua vagueza semântica, pode bem prestar-se a esse papel. Tamanha a sua importância para o governo Lula, chegou a ser incluída no terceiro Plano Nacional de Direitos Humanos sem muita clareza quanto ao seu significado. Cumpre, portanto, refletir sobre as possíveis acepções da expressão para separar-se o joio do trigo.

Existem duas maneiras de compreender o que é o "controle social da mídia". A primeira é centrada na figura do Estado e enfatiza o seu papel de agente regulador, fiscalizador e sancionador, desconfiando profundamente da liberdade como valor democrático e apostando no dirigismo estatal do discurso público. Ao mesmo tempo que critica supostas distorções provocadas pela imprensa profissional, essa corrente descrê da capacidade de discernimento e julgamento dos indivíduos.

Para tal linha de pensamento, há de haver um controle coletivo sobre o que se lê, ouve ou assiste, para assegurar que os emissores das mensagens não manipulem ou distorçam o que chega aos destinatários. Embora se fale em controle social, esse modelo não prescinde de uma agência central da qual partam os julgamentos sobre o que, afinal, mereça ou não integrar o discurso público. Tal agência só pode ser o Estado.

Não hesito em nomear, sem meias palavras, o significado, na prática, da proposta da primeira corrente: censura. Esse tipo de controle social acaba por arrogar para o Estado um papel de curador da qualidade do discurso público, como se fosse possível atribuir a um órgão público a capacidade de avaliar o que merece e o que não merece ser dito. As duas questões principais que se colocam diante do controle social da mídia realizado por intermédio do Estado são: a) quais os critérios a serem utilizados no controle de conteúdo dos meios de comunicação?; b) quem controla os controladores?

Ora, em uma sociedade democrática não há critérios objetivos para se definir o que merece ou não merece ser dito. Aliás, este é o traço distintivo fundamental entre a democracia e os regimes totalitários: a relatividade dos conceitos de bom, justo e verdadeiro. A garantia da liberdade de expressão e do livre fluxo de informações, ideias e opiniões – independentemente do seu mérito intrínseco – serve, precisamente, para assegurar a cada um de nós o direito de julgar e escolher, sem a tutela do Estado. A segunda pergunta (quem controla os controladores?) tem resposta simples e desconcertante: ninguém. Uma vez aberta a porta do controle do discurso público pelo Estado, não há mais quem o possa controlar. Ficamos todos reféns das visões de mundo dos burocratas de plantão.

A segunda maneira de compreender a expressão "controle social da mídia" é a única compatível com o regime constitucional de 1988, que baniu a censura no Brasil e assegurou, em toda a sua plenitude, as liberdades de expressão, de imprensa e de informação. Tal visão é centrada na capacidade de julgamento e escolha dos indivíduos, desde que expostos a um ambiente livre e plural, capaz de gerar um robusto mercado de informações, ideias e opiniões. Assim, o controle social da mídia será a resultante da liberdade de escolha dos leitores, ouvintes e telespectadores, os quais tenderão a prestigiar os veículos de maior credibilidade e que ofereçam melhor qualidade em sua produção editorial.

Em outras palavras, o crivo da opinião pública é a principal forma de controle das eventuais distorções provocadas pela mídia. O esclarecimento dos fatos pelo veículo concorrente, a perda de audiência em virtude da falta de credibilidade e a busca do público por novas e diversificadas fontes de informação e entretenimento (tais como as redes sociais e os portais de notícias na internet) são manifestações legítimas do controle social sobre a atuação dos meios de comunicação.

Para as situações extremas, há mecanismos judiciais à disposição dos cidadãos. Esses mecanismos podem também ser compreendidos como formas de controle social. Refiro-me, por exemplo, ao direito de resposta e ao direito de retificação de notícia, que constituem instrumentos de participação do cidadão comum na construção do discurso público pela imprensa. Além de sua natureza tipicamente defensiva da honra e da imagem das pessoas, o direito de resposta cumpre uma missão informativa e democrática, visto que permite o esclarecimento do público sobre fatos e questões do interesse de toda a sociedade. De outra parte, a responsabilização civil e penal, quando cabível, é certamente salvaguarda de defesa das pessoas contra eventuais abusos ou desvios.

O direito da sociedade de exigir da mídia determinados padrões de comportamento (qualidade, acurácia e equilíbrio) depende, sobretudo, da promoção de um ambiente pluralista e competitivo entre fontes e veículos de comunicação, no qual empresas, jornalistas, profissionais e cidadãos em geral possam livremente divulgar suas versões e opiniões, assim como suas produções artísticas e culturais, cabendo aos indivíduos, de forma igualmente livre, formular seus juízos e exercer suas escolhas. Essa é a única forma legítima de controle social da mídia.

Pela porta dos fundos

Na véspera do Natal de 2019, na cidade do Rio de Janeiro, um grupo criminoso jogou dois coquetéis-molotovs na sede da produtora Porta dos Fundos, empresa que produz vídeos de humor veiculados na internet. Como viria a ser apurado, tratava-se de um atentado terrorista perpetrado com o intuito de retaliar a produtora pelo seu *Especial de Natal*, que apresentava um Jesus gay. Um dos autores do crime fugiu para a Rússia antes que a polícia pudesse prendê-lo. Foi inevitável relembrar o atentado à redação do jornal *Charlie Hebdo*, em Paris, em 2015.

O vídeo do Porta dos Fundos causou desconforto em boa parte da comunidade cristã brasileira. Grupos católicos e evangélicos buscaram na Justiça a remoção do conteúdo do ar. Durante o recesso forense, um desembargador de plantão determinou a inclusão de um alerta explicativo antes do início do vídeo, no qual se diria que a obra envolvia valores caros ao cristianismo. Em seguida, um segundo desembargador, designado por sorteio, determinou a retirada do vídeo da rede sob o argumento de que a maioria da população brasileira era cristã e que a medida serviria para "acalmar os ânimos", numa implícita referência ao atentado.

O vídeo vinha sendo veiculado com a classificação indicativa de 18 anos – a mais elevada existente no país – e uma sinopse já alertava para o seu humor ácido em relação às crenças e aos valores religiosos do cristianismo. Não se trata de julgar o mérito intrínseco da obra. A cada um cabe formular o seu juízo sobre ela, criticá-la severamente, condená-la até à excomunhão, se for o caso. Mas a ninguém, muito menos ao Estado, cabe determinar a proibição de sua veiculação. Dos artistas, numa sociedade livre, não se exigem explicações sobre sua criação. Todas as razões são possíveis e nenhuma delas é necessária.

Alguns grupos cristãos levantaram ainda uma alegação de violação de sua liberdade religiosa, pelo suposto aviltamento da figura de Jesus. Essa liberdade envolve o direito de credo, de culto, de organização e funcionamento de confissões. Haveria violação se o vídeo tivesse criado embaraços, restrições ou proibições a alguma dessas dimensões, o que não aconteceu. A crítica teológica entre correntes religiosas, inclusive cristãs, é comum, mesmo durante os cultos em pregações, pois faz parte da construção da identidade das diferentes religiões. Por que com o humor seria diferente? Por mais desagradável que o esquete humorístico possa ser num país de maioria cristã, é preciso reconhecer que nele se veicula uma crítica de natureza política e social ao tratamento que as grandes religiões monoteístas sempre deram aos homossexuais. Justa ou injusta, de bom ou de mau gosto, fazer a crítica é direito de teólogos, humoristas e de qualquer cidadão.

O caso foi rapidamente alçado ao Supremo Tribunal Federal. Numa decisão irrepreensível, em poucas horas o ministro Dias Toffoli resolveu a parada. Mesmo para um juiz católico, irmão de padre, o episódio era de clara censura judicial por mero "mau gosto". O eventual desagrado à maioria cristã não constitui razão para a retirada do conteúdo, pois o papel da garantia da liberdade de expressão é assegurar o desacordo, e não o consenso. As ideias majoritárias não precisam da garantia constitucional. As ideias minoritárias, ao contrário, nem chegariam a ser manifestadas, não fosse por essa garantia. Ademais, a liberdade religiosa de ninguém foi afetada. Como disse Toffoli em seu veredito, "não creio que dois mil anos de fé cristã sejam abalados por um vídeo de humor". Nem eu. Muitos podem ter lamentado a realização e a divulgação do vídeo, mas ninguém ficou menos livre em razão dele.

O ponto, no entanto, que considero o mais delicado do episódio foi o de querer remover o conteúdo da rede como forma de "serenar os ânimos". Ou seja: o atentado a bomba teria alcançado o seu objetivo de silenciar a arte por meio da intimidação. Os incentivos gerados a partir dessa lógica seriam graves. Você pretende falar algo que desagrade a alguém ou a algum grupo? Melhor pensar bem. Quando a alternativa é o silêncio, o que há não é paz. É medo.

2. Liberdade religiosa e laicidade estatal

A liberdade religiosa, envolvendo as liberdades de credo e de culto, está alicerçada na liberdade de consciência, corolário direto e imediato da autonomia individual. Nesse plexo de liberdades albergam-se também o direito à identidade, às tradições e às culturas religiosas em igualdade de condições para todos os indivíduos, incluindo, por evidente, agnósticos e ateus. A laicidade do Estado é a solução liberal para a superação dos Estados teocráticos e confessionais e o respeito à diversidade religiosa. Longe de se identificar com o Estado ateu – que proibia e perseguia as confissões religiosas e seus fiéis –, o Estado laico enfrenta o desafio de não interferir e, ao mesmo tempo, garantir o exercício pleno e harmônico das diferentes formas de manifestação da religiosidade humana. A imparcialidade do Estado nas escolhas públicas – na alocação de recursos, na nomeação de dirigentes e nos programas das escolas públicas, por exemplo – é uma das importantes consequências da ideia de laicidade estatal.

Recusa a tratamentos médicos invasivos por motivos religiosos: o direito aos próprios riscos

As Testemunhas de Jeová constituem um grupo religioso cristão que, entre outras características, se recusa a receber transfusão de sangue total, glóbulos vermelhos, glóbulos brancos, plaquetas e plasma. Em muitos casos, essas pessoas portam documentos juridicamente válidos por meio dos quais manifestam previamente essa sua recusa e nomeiam procuradores que tomarão decisões sobre seu tratamento médico, caso não estejam conscientes para tomá-las por si mesmas.

A Resolução nº 1.021/80 do Conselho Federal de Medicina disciplina o tema nos seguintes termos:

1. A transfusão de sangue teria precisa indicação e seria a terapêutica mais rápida e segura para a melhora ou cura do paciente. Não haveria, contudo, qualquer perigo imediato para a vida do paciente se ela deixasse de ser praticada. Nessas condições, deveria o médico atender ao pedido de seu paciente, abstendo-se de realizar a transfusão de sangue. Não poderá o médico proceder de modo contrário, pois tal lhe é vedado pelo disposto no artigo 32, letra "f", do Código de Ética Médica: "Não é permitido ao médico: f) exercer sua autoridade de maneira a limitar o direito de o paciente resolver sobre sua pessoa e seu bem-estar."

2. O paciente se encontra em iminente perigo de vida e a transfusão de sangue é a terapêutica indispensável para salvá-lo. Em tais condições, não deverá o médico deixar de praticá-la apesar da oposição do paciente ou de seus responsáveis em permiti-la.

A questão, portanto, consiste em saber qual deve ser a conduta médica adequada: respeitar a vontade do paciente ou salvar-lhe a vida, ainda que mediante uso de terapia que contrarie a sua convicção religiosa.

Durante muitos séculos as relações entre médicos e pacientes fundavam-se no paradigma do *paternalismo médico*. Conforme se dava na medicina grega, a visão do médico como "filósofo hipocrático" sugeria um modelo de completo alijamento do paciente da tomada das decisões médicas. Em outras palavras, o paciente não era concebido como um sujeito, mas como um objeto dos serviços de saúde.[1]

A ruptura do paradigma médico-paternalista e a emergência da *autonomia do paciente* não ocorreram de forma abrupta ou acelerada. Lentamente, a ideia de autonomia do indivíduo – matriz basilar do liberalismo político – penetrou no campo das relações entre médicos e pacientes. Ao lado da valorização da liberdade individual, a universalização do acesso à educação, a difusão da informação e a massificação da medicina contribuíram de forma decisiva para a construção do novo paradigma. Passou-se, assim, gradualmente, a levar em conta a participação do paciente nas decisões médicas.

Tais decisões envolvem, além de conhecimentos técnicos, avaliações de escolhas e riscos que devem contar com o *consentimento informado* do paciente. Como sujeito que suportará as consequências da terapêutica, o paciente tem o direito de ser informado e de exercer a sua autonomia quanto à aceitação do tratamento. A consequência da necessidade do consentimento informado é a interdição do tratamento ao qual o paciente se oponha. Conforme aceito mundo afora, a análise dos possíveis riscos e do ônus do tratamento deve ser exposta pelo médico e se sujeitar ao veredito final do paciente.

Como os processos históricos não são estanques, é natural existirem resquícios do paternalismo médico em determinadas áreas da medicina. Assim deve ser encarado o item 2 da Resolução do Conselho Federal de Medicina (CFM) nº 1.021/80, uma expressão *atávica* do paternalismo médico: respeita-se a vontade do paciente até o limite do risco de morte, a partir do qual a sua vontade *deixará de ser levada a sério*; séria será a decisão do médico, supostamente técnica, objetiva e asséptica (de subjetividade!).

Tal atavismo paternalista não se coaduna com o sistema de direitos fundamentais contemplado na Constituição brasileira. Concebida em bases liberais e democráticas, a Carta da República tem no princípio da dignidade da pessoa humana o seu eixo conceitual, que considera cada homem um fim em si mesmo, titular de plena autonomia na sua vida privada. Sobressai aqui a importância do princípio da soberania do indivíduo sobre sua vida, seu corpo e seu destino, desde que informado dos riscos de sua escolha e desde que, no exercício de sua liberdade, não cause dano a outro.[2]

As Testemunhas de Jeová entendem que a interdição à transfusão de sangue decorre da interpretação de textos bíblicos, sendo a sua observância condição de salvação. Do ponto de vista jurídico, a recusa ao tratamento se apresenta como verdadeira *objeção de consciência*, corolário de sua liberdade religiosa, a ser plenamente acatada pelos médicos mesmo quando houver risco de morte do paciente. A vontade do doente – manifestada, por pessoa maior, capaz e informada sobre o risco de sua escolha – deve ser respeitada como legítima expressão do direito à autonomia privada.

A privacidade representa a prerrogativa de autodeterminação do indivíduo no plano de suas escolhas privadas. Trata-se do direito inalienável a escolher o seu modo de ser e de estar no mundo, suas práticas mais íntimas, protegidas de interferências de terceiros. Inclui-se também aqui o direito de estar só, livre e protegido da esfera pública. Trata-se de um direito fundamental que importa o controle do indivíduo sobre como conduzir-se em relação à materialidade de seu corpo físico. Por fim, cumpre enfatizar que a autonomia privada inclui o livre exercício da liberdade religiosa. A objeção de consciência exibe, no caso, a característica de um ato de convicção religiosa. O direito à liberdade de credo e de culto abarca não apenas o direito de prática litúrgica, mas a proteção de *escolhas existenciais* coerentes com a fé religiosa abraçada.

Não há qualquer colisão ou contradição do exercício da autonomia privada com o direito à vida. Com efeito, o direito à vida consiste no direito ao modo singular de ser e de viver de cada pessoa, coerente com suas convicções íntimas ou seus desejos mais recônditos, ainda quando diferentes dos professados pela maioria das pessoas. O risco de morte deve ser entendido como mais um entre os inúmeros riscos inerentes ao viver humano. Cada pessoa tem direito à escolha dos riscos que deseja correr. Assim, desde que os riscos sejam conscientemente assumidos por paciente maior, capaz e informado, não caberá ao médico pretender *reavaliar* a sua escolha existencial, condenando-o a uma existência sem sentido. Não pode o médico – seja ele um particular, seja ele a face prestacional do Estado – arvorar-se em *tutor* de adultos racionais, donos de sua vida e de seu destino.

É possível enxergar ainda na situação a aplicação do chamado *direito à diferença*, voltado para a proteção das escolhas existenciais de minorias – políticas, culturais, sexuais ou religiosas. A sua proteção constitucional tem caráter *contramajoritário*, já que o Estado deve não apenas tolerar como proteger posições tidas, pela maioria das pessoas, como exóticas, impróprias ou simplesmente irrelevantes. Mas, para seus titulares, a proteção jurídica dessas formas de ser e de viver representa tudo: a distância entre afirmar-se ou negar a si próprio.

Não resta dúvida de que uma sociedade pluralista, liberal e democrática deve reservar um espaço de proteção para as minorias. Afora seu direito moral à existência, como um valor *per se*, sua preservação representa também a única forma de assegurar a riqueza da diversidade dos indivíduos e dos grupos humanos em sua singularidade.

Depois de uma discussão de décadas, o Conselho Federal de Medicina editou a Resolução nº 2.232, em 2019, passando a dispor em seu artigo 2º que "é assegurado ao paciente maior de idade, capaz, lúcido, orientado e consciente, no momento da decisão, o direito de recusa à terapêutica proposta em tratamento eletivo, de acordo com a legislação vigente". O artigo 3º, contudo, dispõe que o médico não deve aceitar a recusa terapêutica de paciente menor de idade ou de adulto que não estejam no pleno uso de suas faculdades mentais, independentemente de estarem representados ou assistidos por terceiros.

A princípio, o direito de recusa à transfusão deve ser manifestado por pessoas maiores e civilmente capazes. Registro, no entanto, que a literatura tem se inclinado pela aplicação da teoria do "menor maduro". Segundo tal teoria, é necessário avaliar se o menor tem capacidade de compreender o contexto decisório em que está inserido para, só então, sua vontade ser respeitada.[3] Entendo que eventual manifestação de vontade do menor terá sempre de ser submetida ao Poder Judiciário, que deverá proceder à aferição de sua maturidade para a tomada da decisão. Em nenhuma hipótese, porém, poderá a família tomar decisão que importe risco de morte do menor de idade, diante do caráter personalíssimo dos direitos envolvidos. Em outros termos: caso o juiz entenda pela capacidade de escolha do menor, a vontade do menor prevalecerá; do contrário, deverá ordenar que se realize o tratamento médico imprescindível à preservação de sua vida e saúde.

Contraditoriamente, a mencionada Resolução nº 2.232 do CFM prevê em seu artigo 11 que, "em situações de urgência e emergência que caracterizarem iminente perigo de morte, o médico deve adotar todas as medidas necessárias e reconhecidas para preservar a vida do paciente, independentemente da recusa terapêutica". Embora se reconheça que os médicos são treinados para salvar vidas, não há como admitir que eles possam ministrar uma terapêutica contra a vontade do paciente, quando a recusa houver sido validamente manifestada de acordo com a lei.

Ensino público religioso confessional?

A opção da Constituição de 1988 foi pela adoção do Estado laico. O seu artigo 19 veda à União, aos estados, ao Distrito Federal e aos municípios estabelecer cultos religiosos ou igrejas, subvencioná-los, embaraçar-lhes o funcionamento ou manter com eles ou seus representantes relações de dependência ou aliança, ressalvada a colaboração de interesse público. Trata-se da tradicional separação entre Estado e Igreja, caracterizada pela imposição constitucional de uma postura de neutralidade estatal, diante das múltiplas religiões, como condição de possibilidade da liberdade de crença de seus cidadãos.

Não obstante, o artigo 210, §1º, da mesma Carta Fundamental prevê que o "ensino religioso, de matrícula facultativa, constituirá disciplina dos horários normais das escolas públicas de ensino fundamental". Como conciliar a laicidade estatal com o ensino de Religião – embora facultativo – nas escolas públicas? Um acordo firmado pelo ex-presidente Lula com a Santa Sé define, em seu artigo 11, que "o ensino religioso, católico e de outras confissões religiosas, de matrícula facultativa, constitui disciplina dos horários normais das escolas públicas de ensino fundamental, assegurado o respeito à diversidade cultural religiosa do Brasil, em conformidade com a Constituição e as outras leis vigentes, sem qualquer forma de discriminação". A Procuradoria-Geral da República ingressou com uma ação direta de inconstitucionalidade contra tal norma, argumentando que o ensino religioso não poderia ser vinculado a religiões específicas e que fosse proibida a admissão de professores na qualidade de representantes das confissões religiosas. A disciplina Religião, cuja matrícula já era facultativa, deveria ser voltada para a história e a doutrina das várias religiões, sendo exposta por uma perspectiva laica e não por padres, pastores ou rabinos.

Por apertada maioria de votos (6 a 5), a Corte entendeu que o ensino religioso ministrado por representantes das distintas confissões religiosas presentes no Brasil não violava a laicidade do Estado, nem tampouco o compromisso do país com a diversidade de religiões. Para a maioria dos ministros, o fato de a matrícula ser facultativa em disciplinas oferecidas por diferentes instituições religiosas, de livre escolha dos estudantes, assegurava a legalidade do modelo. Em sua visão, quando a Constituição prevê a existência do ensino religioso nas escolas públicas, não está apenas autorizando um estudo laico de história das religiões. Ao contrário, seria um contrassenso lecionar Religião sem a presença de religiosos. Daí admitirem que a disciplina possa ser transmitida por diferentes representantes das confissões, desde que assegurada a não obrigatoriedade da matrícula e a livre escolha dos alunos e suas famílias.

Para a minoria dos ministros, no entanto, o ensino público da Religião não poderia ser confessional, ou seja, autorizado pelas instituições religiosas. De fato, o Estado laico não se confunde com o Estado ateu, pois não tem por objetivo o banimento nem a marginalização da religião da vida comunitária. Como expressão da liberdade de consciência e aspecto essencial da identidade das pessoas, as convicções religiosas são aceitas e protegidas de interferências externas. Conforme afirmou o ministro do STF Marco Aurélio Mello, "o Estado laico não incentiva o ceticismo, tampouco o aniquilamento da religião, limitando-se a viabilizar a convivência pacífica entre as diversas cosmovisões, inclusive aquelas que pressupõem a inexistência de algo além do plano físico". E acrescentou: "Não cabe ao Estado incentivar o avanço de correntes religiosas específicas, mas, sim, assegurar campo saudável e desimpedido ao desenvolvimento das diferentes cosmovisões."

Ao permitir que representantes das diferentes confissões se tornem professores das escolas públicas, a Corte deixou algumas questões sem respostas adequadas. Alguém pode ter preferência para ocupar cargo público em razão da sua religião, diante do princípio da igualdade nos concursos públicos? Alguém poderia perder o cargo público em razão da perda da fé? Poderia o Estado dar conta da diversidade ampla de credos religiosos existente na sociedade brasileira? Poderia o Estado "patrocinar" as religiões predominantes, contribuindo assim para a sua perpetuação? Por fim, não se estaria a consagrar alguma espécie de dirigismo estatal em favor desta ou daquela confissão ou agremiação religiosa?

A colaboração de interesse público entre o Estado e as igrejas, prevista na Constituição, não envolve a pregação religiosa, mas a ajuda humanitária, as iniciativas de assistência social e os projetos de interesse cultural. A menção constitucional a ensino religioso nas escolas públicas só se torna compatível com a ideia de Estado laico se houver um regime igualmente laico de seleção de professores e de escolha programática. Não se trata de ensinar apenas história, mas de ensinar a disciplina Religião sem proselitismo. Do contrário, haveria uma tendência quase inexorável à encampação de dogmas religiosos nas escolas públicas, numa espécie de catequese oficial. Com todo o respeito, eu acho que a minoria tinha razão.

Estado laico e política cultural proselitista

A liberdade religiosa costuma ser vista como um direito que impõe ao Estado um dever de não fazer, ou seja, de não intervir na esfera privada no que toca à consciência, ao credo e ao culto das pessoas. Isso é o que há de mais elementar no campo de proteção desse direito. Mas o seu escopo pode e deve ser concebido de forma mais ampla. É que a separação entre Igreja e Estado não é para ser entendida de maneira puramente formal. Ao contrário, a ideia é impor ao Estado uma posição de equidistância em relação a todas as religiões e – mais que isso – a todas as visões de mundo existentes na sociedade. Tal dever de imparcialidade impede discriminações e favorecimentos, independentemente da religião professada pela maioria da população e, também, por óbvio, daquela professada por detentores de cargos públicos.

Costumamos pensar, nesse sentido, na vedação à encampação de confissões religiosas pelo Estado ou à proibição de cultos religiosos minoritários. Mas essa atitude de imparcialidade deve também ser observada no âmbito da política de fomento à cultura, na qual o Estado não exerce um papel de regulador de atividades privadas, e sim de alocador de recursos públicos. No ambiente das políticas de fomento à arte, defrontam-se ao menos duas visões distintas acerca da postura correta do Estado.

De um lado, há uma corrente que sustenta que o Estado goza de total discricionariedade para definir a destinação dos recursos públicos. Os critérios para essa alocação – sob a forma de financiamentos públicos, incentivos fiscais a empresas ou subvenções diretas – seriam sempre objeto de escolhas de certa forma aleatórias, no sentido de refletirem alguma preferência do tomador de decisões. Contribui para isso a dificuldade na definição de critérios técnicos de excelência artística ou de mérito intrínseco que possam legitimar a contemplação de algum projeto cultural. Ao fim e ao cabo, qualquer critério seria algo passível de interpretação pelos órgãos encarregados do julgamento, levando a soluções que refletiriam preferências e não um resultado objetivo.

De outro lado, há uma corrente que sustenta que, a despeito do caráter subjetivo da arte, seria possível estabelecer critérios genéricos de imparcialidade que funcionariam como regras para evitar decisões arbitrárias. Por exemplo, num regime constitucional que consagra o Estado laico, estariam vedadas decisões baseadas em qualquer espécie de proselitismo religioso. Refiro-me tanto àquelas abertamente fundadas em algum favorecimento a esta ou àquela confissão, como também a outras que, apesar de estarem disfarçadas em razões públicas, tenham o mesmo efeito. A contemplação reiterada de projetos ligados à visão de uma religião e a exclusão renitente de projetos ligados a religiões ou concepções filosóficas minoritárias no país – como visões agnósticas e ateístas – seriam um indício de uma política inconstitucional de fomento à cultura.

A meu ver, os titulares de cargos políticos e a burocracia profissional não dispõem de total liberdade para fazer escolhas no campo da alocação de recursos públicos à promoção da cultura. Embora se reconheça que não há critérios objetivos e universalmente válidos de excelência artística, o compromisso com a diversidade e a vedação a proselitismos podem funcionar como um norte para orientar a concessão de recursos públicos a empreendedores culturais privados. Da mesma forma que o Estado não tem competência para cercear a liberdade de expressão segundo critérios de conteúdo, também a promoção da cultura não pode seguir uma linha filosófica específica, como se esta fosse parte da plataforma ideológica do governo eleito.

A expressão institucional da concepção que defendo seria a de um ente de fomento à cultura afastado dos incentivos políticos imediatistas, ocupado por profissionais técnicos e encarregado da aplicação de regras pautadas pela impessoalidade e pela diversidade. As decisões desse ente não seriam passíveis de revisão hierárquica pelos agentes políticos. Tal como nas decisões de investimento de um banco público de fomento, a gestão da cultura seria tratada como algo independente e não subordinado aos governantes de plantão. A cultura seria objeto de uma política de Estado e não propriamente de uma política de governo.

O lugar de fala e
a armadilha identitária

"Muitos tentam nos deixar de lado dizendo que o Estado é laico. O Estado é laico, mas nós somos cristãos. Ou para plagiar a minha querida ministra Damares: nós somos terrivelmente cristãos. E esse espírito deve estar presente em todos os Poderes. Por isso, o meu compromisso: poderei indicar dois ministros para o Supremo Tribunal Federal. Um deles será terrivelmente evangélico", declarou o presidente Jair Bolsonaro em julho de 2019.[4]

A Constituição brasileira determina, de fato, que o Estado deve ser laico. Quanto ao cargo de ministro da Suprema Corte, exige apenas que se trate de brasileiro nato, entre 35 e 65 anos, dotado de notório saber jurídico e reputação ilibada. A nomeação cabe ao presidente da República, após aprovada a escolha pela maioria absoluta do Senado Federal. Não há disposição constitucional acerca da afiliação religiosa – ou da ausência dela – dos juízes do Supremo. A questão é juridicamente irrelevante. O que importa é a qualificação técnica, a experiência profissional e a probidade inquestionável do indicado. O uso do adjetivo "notório" para qualificar o saber jurídico revela que as credenciais acadêmicas e as práticas do jurista escolhido devem ser inquestionáveis.

Não há nada de errado em nomear um evangélico para o Supremo, desde que se trate de alguém que preencha os requisitos constitucionais. Ao contrário, excluir alguém dessa possibilidade apenas em razão de sua religião é que seria uma odiosa discriminação. Eu mesmo conheço profissionais do Direito que professam a fé evangélica e que seriam perfeitamente *supremáveis*.

O problema me parece ser outro. O diabo costuma esconder-se nas entrelinhas. Refiro-me ao uso da retórica identitária para legitimar escolhas para cargos vitalícios de extrema relevância a partir de critérios eminentemente políticos, e não técnicos e profissionais. Ou pior: nomear quem coloca a sua lealdade a confissões religiosas ou a dogmas teológicos acima do seu compromisso com a Constituição e as leis do país. Aí teríamos um grave desafio à democracia e ao Estado de direito.

Os ex-presidentes Fernando Henrique Cardoso e Lula fizeram nomeações para o Supremo permeadas de simbolismo identitário ao indicarem a ministra Ellen Gracie e o ministro Joaquim Barbosa, respectivamente. Ellen Gracie foi a primeira mulher a ocupar uma cadeira na Suprema Corte brasileira, e Joaquim Barbosa, o primeiro negro. Mas, ao se verificar o currículo e a folha de antecedentes dos dois, conclui-se que ambos poderiam integrar a mais alta Corte de Justiça de qualquer outra grande democracia ocidental. É bem provável que a experiência de vida particular desses ministros tenha agregado percepções e visões de mundo até então ignoradas no Supremo. Até aí penso que o critério presidencial é válido, pois a forma de pensar de nenhum de nós é totalmente alheia às nossas experiências individuais.

Entretanto, a ideia do *lugar de fala* não pode se tornar uma legitimação *a priori* que confira autoridade superior – e muito menos exclusiva – para tratar de determinados temas ou representar determinados interesses. Os critérios classistas – de gênero, cor de pele, credo religioso ou classe social – não podem ser vistos como condição para a nomeação a um posto público ou privado. A eleição para o Congresso e para cargos da cúpula do Poder Executivo – que têm na representação política o seu lastro de legitimação – pode ser influenciada por argumentos identitários. Já a indicação de alguém para cargos de perfil técnico não pode ter por fundamento principal esse tipo de razão. Em outras palavras, não se pode esperar que a composição do Supremo Tribunal Federal reflita, na exata proporção, a composição de múltiplas identidades da sociedade brasileira. Essa seria uma armadilha da política identitária com a qual a democracia brasileira não teria nada a ganhar e, talvez, muito a perder.

A diversidade de ideias e perspectivas é um saudável elemento das democracias: diferentes visões se aprimoram pelo contraste e costumam resultar em consensos mais equilibrados e sensíveis aos detalhes. A experiência de cada um contribui para essa pluralidade de visões, devendo ser levada em conta, em alguma medida, na composição de governos, parlamentos e demais órgãos públicos. Mas daí não se segue a conclusão de que democracia seja sinônimo de representação identitária. Primeiro, porque pertencemos a muitas categorias sociais ao mesmo tempo, nem sempre conciliáveis em suas perspectivas. Segundo, porque a representação política tem também uma pretensão universalizante de que todos os seres humanos sejam tratados com igual consideração, respeitadas as suas diferenças. Terceiro, porque o Direito não pode adotar concepções morais de um grupo, devendo se organizar em torno de valores fundados numa razão pública compartilhada. Por último, mas não menos relevante, as ideias e sobretudo as ações são sempre mais importantes que o pertencimento a grupos ou classes. Comprometimento e empatia são virtudes políticas autônomas que têm valor em si mesmas.

De um ministro do Supremo se espera que seja empático com os cidadãos que não tenham com ele vínculos de identidade, utilizando o melhor de sua ciência e consciência na aplicação independente, técnica e imparcial da Constituição. A sua religiosidade, ou a ausência dela, poderá até ser eventualmente levada em conta pelo presidente da República na avaliação para a indicação ao cargo, mas ao Senado caberá exercer a sua competência para assegurar que os critérios de notório saber jurídico e reputação ilibada – essenciais à função de um juiz constitucional – sejam respeitados.

3. Liberdade política

A liberdade política tem que ver com os direitos de participação do cidadão na esfera pública ou, mais especificamente, nos rumos da gestão da vida da coletividade. Mais do que apenas as capacidades eleitorais ativa e passiva – votar e ser votado –, a discussão envolve atualmente a metamorfose das velhas formas de manifestação pública, das redes sociais como novo fórum público e do esmaecimento dos partidos políticos tradicionais. De outra parte, assistimos ao fenômeno da judicialização da política, com intervenções cada vez mais constantes e relevantes das Cortes Judiciárias – e dos Tribunais Constitucionais, em particular – na definição da agenda política, a despeito do seu déficit de legitimação democrática. Até que ponto podem chegar os juízes em suas intervenções no processo político, considerando que não são eleitos nem submetidos a nenhum teste periódico de aprovação popular, como as eleições? A questão da representação popular e da accountability[1] democrática dos agentes públicos é, certamente, uma das mais importantes e desafiadoras em termos de liberdade política.

Humor, política e liberdade de crítica jornalística

Um dos casos mais bacanas em que tive a oportunidade de atuar dizia respeito à liberdade política. A legislação eleitoral brasileira – uma das mais restritivas do mundo – proibia as emissoras de rádio e de televisão, nos noventa dias anteriores às eleições, de exercerem a crítica jornalística, favorável ou contrária, a candidatos, partidos e coligações. No mesmo período, a norma legal proibia a realização de sátiras políticas, charges e programas de humor envolvendo candidatos, partidos ou coligações.

Representei, na ação perante o Supremo Tribunal Federal, uma associação de emissoras de rádio e televisão. Mas tinha a convicção de que representava, na verdade, a sociedade civil contra os políticos. Tratava-se de uma típica situação de censura legislativa criada pelos parlamentares em benefício próprio. Na noventena que antecedia as eleições, adquiriam uma espécie de imunidade contra as críticas, sob o especioso argumento de que assim se estaria protegendo a lisura do processo eleitoral.

No momento em que fui contratado, a Justiça Eleitoral brasileira aplicava a legislação sem que tivesse sido levantada qualquer objeção do ponto de vista constitucional. Lembro-me de que, na data fixada, os âncoras de telejornais avisavam aos telespectadores que dali em diante, até o dia da eleição, os jornalistas estariam impedidos de elogiar ou criticar os candidatos, já que essa postura era exigida pela lei. Temia-se que as emissoras de rádio e TV desequilibrassem o processo eleitoral. Como remédio a essa possível anomalia, a lei preferia o silêncio – ou seja, a censura.

Na distribuição da ação, o algoritmo do Supremo brindou-me com o melhor relator que poderia almejar: o ministro Carlos

Ayres Britto. Em seus dez anos na Suprema Corte, Ayres Britto relatou casos cruciais para o destino da liberdade de expressão no Brasil. Ele soube vitalizar o espírito libertário da Constituição de 1988, seu compromisso com o regime democrático e a rejeição a qualquer forma de censura. No caso mais célebre – aquele em que o Supremo considerou incompatível com a Carta de 1988 a Lei de Imprensa, aprovada no período militar –, coube-lhe afirmar que toda e qualquer proibição à livre difusão de ideias e informações era censura, fosse a ordem de bloqueio proveniente do Executivo, do Legislativo ou do Judiciário. Não importava o nome, a origem, nem a razão: a censura tornava-se definitivamente inconstitucional.

Na audiência preliminar ao julgamento, à qual compareci acompanhado do diretor jurídico do Grupo Globo, Antonio Cláudio Ferreira Netto, Ayres Britto confessou que estava convencido da inconstitucionalidade da proibição relativa à crítica jornalística, mas que ainda guardava dúvidas em relação à questão das sátiras políticas. Diante de tamanha abertura de espírito, senti que poderia ousar. Foi então que lembrei ao ministro uma velha definição de humor do cartunista Ziraldo: "O humor não é fazer rir. Isso poderia ser chamado de comicidade ou qualquer outro nome. Humor é uma visão crítica do mundo, e o riso é apenas o efeito libertador que ele provoca pela revelação inesperada da verdade." Ayres Britto pediu a um assessor que anotasse a frase. E mais não disse.

No dia seguinte, a decisão foi proferida. Estavam liberadas a crítica jornalística e a sátira política no Brasil. O Supremo Tribunal Federal confirmou a decisão de Ayres Britto tanto em 2010 (medida cautelar), quando ele ainda servia à Corte, quanto em 2018 (análise do mérito), quando ele já estava aposentado, tendo sido sucedido pelo ministro Alexandre de Moraes.

Na feliz síntese de Silvia Porto Buarque de Gusmão, o STF adotou as seguintes premissas para fundamentar o seu julgamento: a) a liberdade de expressão é elemento estruturante da democracia, havendo prevalência de suas normas sobre os demais direitos fundamentais; b) os dispositivos legais não apenas restringiam e censuravam a liberdade de imprensa manifestada pela crítica e pelo humor – como expressão de arte e de opinião crítica –, mas também atingiam os programas de humor e o humor em qualquer programa; c) o período eleitoral é o momento em que o cidadão mais precisa da plenitude de informação proporcionada pelos meios de comunicação social, inclusive por radiodifusão.[2]

Com relação ao aspecto temporal da limitação, o Tribunal concluiu que a provável intenção de não interferência na formação da convicção do eleitor não poderia servir de amparo ao cerceamento da liberdade de imprensa especialmente no período em que o acesso à informação sobrelevava de importância. Como ressaltou o ministro Ayres Britto, "seria até paradoxal falar que a liberdade de imprensa mantém uma relação de mútua dependência com a democracia, mas sofre contratura justamente na época em que a democracia mesma atinge seu clímax ou ponto mais luminoso (na democracia representativa, obviamente). Período eleitoral não é estado de sítio".

O Supremo Tribunal Federal cumpriu bem o seu papel de guardião da democracia e dos direitos fundamentais dos cidadãos. As normas legais restritivas da liberdade de imprensa no período eleitoral representavam, na prática, uma espécie de imunidade à crítica jornalística e ao humor criada pelos agentes políticos em benefício próprio. Assim, cabia ao Tribunal invalidar a deliberação legislativa, em defesa não apenas da liberdade de expressão dos veículos de comunicação, mas, sobretudo, do direito difuso da sociedade de ser livre e adequadamente informada. Humor é coisa séria.

Marcha da Maconha

As manifestações públicas em favor da descriminalização e da legalização do uso da maconha configuram crimes de incitação pública à prática de crime ou de apologia a fato criminoso? Esses delitos estão previstos nos artigos nº 286 e nº 287 do Código Penal. O primeiro refere-se à instigação genérica contra a paz pública consistente na manifestação, percebida por um número significativo de pessoas, de incentivo à prática de condutas criminosas. O segundo se configura pela exaltação de fato criminoso concreto e específico, ou de seu autor, de modo a gerar uma apologia pública em seu favor.

Nenhum dos dois crimes pode ser imputado a quem participa de manifestações públicas em favor da descriminalização de determinadas práticas ou mesmo de sua legalização. Trata-se, ao contrário, do exercício de direitos fundamentais garantidos pela Constituição, tais como a liberdade de expressão, de reunião e de participação política. Em outras palavras, discutir publicamente se uma conduta deve ser – ou continuar sendo – ilegal ou criminosa não configura crime.

É interessante lembrar que toda a construção da jurisprudência da Suprema Corte norte-americana em defesa da efetividade da Primeira Emenda (aquela que assegura a liberdade de expressão e de imprensa, além da separação entre Igreja e Estado) teve início com o julgamento, em 1917, de casos que envolviam a criminalização de ideias, como o comunismo e o anarquismo. A mera advocacia de ideias foi separada de condutas que pudessem provocar algum perigo real e iminente, como linha demarcatória entre o discurso protegido pela Constituição e as manifestações proibidas. Numa escalada libertária, a Corte chegou a proteger até discursos de ódio, como no caso Brandenburg, julgado em

1969, quando manifestações da Ku-Klux-Klan foram consideradas protegidas pela Primeira Emenda.

O caso brasileiro da Marcha da Maconha era bem mais fácil, mas envolvia preconceitos, o medo do novo e, em especial, o oportunismo de governantes conservadores. Em diversas passeatas, a Polícia Militar foi chamada e tratou os manifestantes como criminosos, em suposta defesa da paz social e da ordem pública. Na interpretação dos policiais – ou, talvez, de seus chefes políticos –, a defesa da descriminalização e da legalização da maconha se confundia com a incitação pública à prática de crimes, o que, em si, deveria ser reprimido pelo aparato estatal.

A ironia da situação está em que as manifestações públicas não são uma forma de desobediência civil. Ao contrário, trata-se de uma mobilização social que acredita na democracia e na sua capacidade de alteração das leis vigentes. Se havia um papel a ser desempenhado pelas forças policiais, este seria o de proteger os direitos em jogo: o direito dos manifestantes (à vida, à incolumidade física e à própria manifestação), o direito de ir e vir dos transeuntes, o direito difuso da sociedade à preservação do patrimônio público.

O caso acabou indo parar no Supremo Tribunal Federal. Falando pela Corte, o ministro Celso de Mello resolveu a questão com um voto primoroso. Afirmou que a marcha reivindicava a possibilidade de discussão democrática sobre o modelo proibicionista (do consumo de drogas) e os efeitos que (esse modelo) produzia em termos de incremento do crime e da violência. Explicou, ainda, que "o debate sobre abolição penal de determinadas condutas puníveis pode ser realizado de forma racional, com respeito entre interlocutores, ainda que a ideia, para a maioria, possa ser eventualmente considerada estranha, extravagante, inaceitável ou perigosa". O decano foi acompanhado pela unanimidade dos ministros do STF.

Imagine-se, por exemplo, se as marchas fossem pela descriminalização do adultério, que até poucos anos era previsto em lei como delito penal. Os cidadãos ficariam impedidos de ir às ruas para defender a revogação desse tipo penal porque poderiam ser presos em flagrante! Isso seria uma espécie de congelamento democrático, como se estivéssemos inexoravelmente atados ao passado. Os artigos nº 286 e nº 287 do Código Penal devem ser interpretados em consonância com a Constituição e seu sistema de liberdades fundamentais – e não o contrário. Ao lado dos mecanismos tradicionais da democracia representativa (eleições, partidos políticos) e da democracia semidireta (plebiscito, referendo e iniciativa popular), a Carta de 1988 cuidou também de proteger e fomentar a ideia da democracia deliberativa, segundo a qual o povo pode participar diretamente dos processos públicos de tomada de decisões políticas. Essa participação política se dá nas praças e ruas, pela ocupação física, mas também nas redes sociais, as novas praças digitais.

O caso da Marcha da Maconha, como liberdade de manifestação política, não chega a ser difícil. Mais complicada é a discussão sobre o mérito. As alternativas à repressão penal ao consumo de drogas envolvem considerações libertárias e argumentos pragmáticos. Do ponto de vista da liberdade individual, o consumo de substâncias entorpecentes por pessoas maiores e capazes é defendido como uma escolha existencial, tanto quanto o consumo de álcool, tabaco, açúcar e gorduras. Sempre pode caber ao Estado regular o consumo, mediante informação adequada e controle de acesso em alguns casos, porém não a proibição pura e simples.

Do ponto de vista pragmático, o argumento propõe uma análise de custo-benefício entre os custos da repressão penal (financeiros, humanos, de corrupção policial, de desvalorização das áreas dominadas pelo tráfico) e seus benefícios em termos de promoção da saúde pública. De outra parte, imagina-se um mercado legalizado que reconheça a inexorabilidade do consumo, mas que consiga reduzir esses custos, permitindo, ainda, a regulação e a tributação pelo Estado. Ao fim e ao cabo, a decisão individual pelo consumo, embora considerada um problema, produziria menores efeitos colaterais para a sociedade.

A discussão é mais complexa do que isso e exige o devido aprofundamento para que se tome uma decisão política esclarecida. Ao menos agora podemos debater o tema livremente, sem o risco de sermos presos.

Facebook e participação política

A decisão do Facebook de desativar 196 páginas e 87 contas ligadas ao Movimento Brasil Livre (MBL) foi apresentada como medida inserida no combate às *fake news*, logo às vésperas das eleições gerais de 2018. A rede social justificou-se dizendo que se tratava de perfis utilizados para "gerar divisão e espalhar desinformação". A decisão é problemática, seja do ponto de vista da liberdade de expressão individual, seja da perspectiva coletiva da livre formação do debate público. O Facebook pode apresentar duas justificativas para a sua decisão: o caráter privado da rede sob seu controle e a necessidade de evitar a proliferação de notícias fraudulentas (melhor tradução possível para *fake news*). Ambos os argumentos, a meu ver, não ficam de pé.

As redes sociais não são espaços reservados comparáveis aos cômodos de uma residência, às salas de um escritório privado ou aos arquivos de computadores e *smartphones* particulares. A despeito de sua natureza não estatal, o Facebook é um fórum público que envolve uma pluralidade de pessoas em convívio livre, a partir da decisão autônoma de cada um de solicitar o acesso e aceitar a companhia alheia. Diferentemente do que se dá com os veículos de imprensa tradicionais, não há na rede social a figura do editor, responsável pela filtragem dos assuntos, checagem da veracidade das informações e definição dos temas prioritários a serem publicados. Ao contrário, os membros das comunidades são os responsáveis pelo que veiculam e compartilham.

Portanto, o administrador da rede não tem poderes absolutos de exclusão de participantes por convicção íntima, como alguém que expulsa um intruso de casa por mera invocação do direito de propriedade. Qualquer medida de exclusão de páginas e contas deve ser solidamente fundamentada à luz da ordem jurídica, sob pena de se criar um grave efeito silenciador sobre parte da comunidade política e indesejáveis distorções na construção do debate democrático, tecido cada vez mais inserido no ambiente digital.

De outra parte, a alegação de enfrentamento ao fenômeno das *fake news* pode se tornar um pretexto para a exclusão de posições inconvenientes, antieconômicas ou politicamente incorretas. Eu mesmo sinto náuseas em relação a algumas delas, mas ninguém pode ignorar que apenas uma das páginas do Movimento Brasil Livre contava com cerca de 400 mil integrantes empenhados em conhecer e debater assuntos de interesse público. Ao decidir banir as páginas e contas do MBL, o Facebook rotulou como *fake news*, de maneira apriorística e generalizada, todas as informações, ideias e opiniões que por ali circulavam livremente. Quem conferiu a Mark Zuckerberg, fundador dessa rede social, esse acesso privilegiado à verdade? Tal como ao Estado, opõe-se aqui também a ele a velha questão da teoria política: quem controla os controladores?

Ao agir assim, o Facebook não apenas cerceia de modo injustificado a liberdade de expressão política de milhões de cidadãos, como contribui para a criação de um debate público *fake* no ambiente digital, ao qual só tem acesso quem adere ao pensamento dominante. O problema da proliferação das *fake news* não se resolve com canetadas censórias, estatais ou privadas, ambas inconstitucionais.

As iniciativas mais promissoras na área são as agências de checagem de notícias, que realizam a verificação factual das informações. É claro que haverá divergências entre agências, veículos e jornalistas sobre a própria verificação. Mas isso só demonstra a inviabilidade de qualquer solução baseada na imposição unilateral de uma verdade. A pluralidade de fontes, submetidas à crítica atenta da cidadania quanto à sua confiabilidade ou descrédito, é o melhor antídoto, senão o único, contra as *fake news*.

Reforma política e democracia plebiscitária

Plebiscito e referendo são consultas formuladas ao povo para que este delibere, de forma direta, sobre matéria de natureza constitucional, legislativa ou administrativa. Segundo a lei que trata do assunto, o plebiscito é convocado antes da medida que se pretende adotar, cabendo aos cidadãos, por meio do voto, aprovar ou rejeitar a proposta que lhes tenha sido submetida. Já o referendo é uma consulta em torno de uma matéria que já foi decidida pelos órgãos competentes do Poder Público, cabendo ao povo ratificar ou não tal decisão.

A distinção fundamental entre os dois mecanismos de participação popular na democracia brasileira consiste no momento da consulta – se prévio ou posterior à medida a ser implementada. A diferença, todavia, não se resume a isso. Plebiscito e referendo têm *vocações* distintas, sendo aplicáveis conforme a natureza da consulta que se faça ao eleitorado.

A consulta plebiscitária pressupõe a viabilidade da formulação de perguntas objetivas sobre matérias específicas que permitam uma efetiva deliberação popular. Você é a favor ou contra a descriminalização do uso da maconha? Qual forma de governo você prefere: república ou monarquia? Qual sistema de governo você deseja: presidencialismo ou parlamentarismo? O resultado do plebiscito encerra, assim, uma decisão completa do povo sobre questões pontuais.

O referendo destina-se, modo geral, a matérias mais complexas que exijam tratamento detalhado e sistemático pelos representantes do povo. Um bom exemplo foi o Estatuto do Desarmamento, cuja submissão à consulta popular pressupôs ampla discussão e aprovação antecipada pelo Congresso Nacional. Com efeito, não seria possível fazer perguntas prévias sobre as tantas e tão variadas questões envolvidas no debate acerca da produção, comercialização e porte de armas de fogo.

Por um lado, no que se refere à reforma política, há razões consistentes que inviabilizam o uso do plebiscito. Primeiro, a extensa lista de temas a serem decididos, a multiplicidade das opções disponíveis e suas possíveis combinações – o que, decerto, dificultaria a análise dos eleitores e a obtenção de uma deliberação eficaz. Segundo, o risco de uma consulta genérica demais, que possa resultar numa espécie de cheque em branco assinado pelo povo. De fato, um plebiscito que aprove diretivas muito abstratas poderá facilmente tornar-se mero argumento retórico para qualquer projeto de reforma política que se queira implementar. Essa, aliás, é uma tradição de regimes populistas latino-americanos. No Brasil, nas últimas décadas, o apelo à solução plebiscitária foi vez por outra aventado.

Por outro lado, surgiu das urnas um consenso sobre a urgência de reformas políticas no país. Mas tal energia popular ainda se apresenta em estado amorfo, carecendo de representação nas instâncias institucionais da política partidária. Daí a importância de os mandatários do povo, ungidos pelo voto, assumirem as suas responsabilidades e liderarem a construção das reformas. Ao longo do processo, as diversas posições e opções ficarão claras e poderão ser amadurecidas em um diálogo aberto com a sociedade.

Ao final, caso haja necessidade de um lastro maior de legitimidade para viabilizar a sua implementação, o Congresso Nacional poderá optar pela submissão das reformas ao crivo popular mediante um referendo. Aí, então, caberá ao povo julgar o trabalho entregue por seus representantes, o que é diferente de entregar-lhes previamente um cheque assinado e em branco.

O Supremo e a agenda do Congresso

Embora vulgarmente identificada com a regra da maioria, a democracia é muito mais do que isso. A questão da fonte de legitimidade do poder político – o governo do povo – não prescinde das discussões sobre o modo e os limites do processo de tomada de decisão nos Estados democráticos de direito. Nesse sentido, a Constituição funciona como o estatuto jurídico da democracia, o manual que disciplina as regras do jogo democrático.

O respeito às regras constitucionais do processo legislativo é garantia de transparência, participação popular e respeito aos direitos das minorias. Sua observância é direito de cada parlamentar e de toda a sociedade. A decisão do Supremo Tribunal Federal sobre a observância da ordem cronológica na apreciação dos vetos presidenciais acumulados desde 2001 nos escaninhos do Congresso Nacional nada mais fez do que exigir o cumprimento do devido processo legislativo estabelecido na Constituição. Com efeito, o artigo 66 da Constituição institui a obrigatoriedade de apreciação do veto em sessão conjunta das Casas Legislativas no prazo de trinta dias, a contar do seu recebimento. Esgotado tal prazo sem que tenha havido deliberação, o veto deve ser colocado na ordem do dia da sessão imediata, suspensas as demais proposições, até sua votação final.

O sentido das normas constitucionais é o de assegurar a efetiva deliberação do Congresso Nacional sobre os vetos presidenciais, evitando-se o rolo compressor do Executivo. No caso referido, uma maioria circunstancial do Parlamento pretendia inverter a ordem cronológica prevista na Constituição e apreciar o veto da presidente da República sobre algumas disposições da lei que fixara novas regras de distribuição de royalties e participações especiais entre os entes da Federação. Foi, portanto, acertada a decisão do ministro Luiz Fux, que determinou a observância da ordem cronológica dos vetos pendentes de apreciação. O atropelo ao procedimento representava uma nítida estratégia da maioria para esmagar a capacidade de mobilização política e popular da minoria parlamentar interessada na manutenção do veto.

Carece de fundamento a alegação de que a decisão do STF violaria a independência do Poder Legislativo. Nenhuma instituição republicana pode arrogar-se poder superior ao que lhe confere a Constituição. Se a agenda legislativa está disciplinada pelo Texto Constitucional, a independência do Poder Legislativo já foi concebida sob tais balizas. Além disso, a decisão da Corte Suprema não substituiu a dos parlamentares, nem avançou sobre o conteúdo das deliberações políticas a serem tomadas sobre os vetos. Ao contrário – e quase ironicamente –, o Supremo decidiu que cabia ao Congresso decidir sobre os vetos pendentes, o que não fazia desde 2001. Assim, em vez de uma interferência indevida na independência do Parlamento, o gesto do Poder Judiciário representou um fortalecimento do Congresso Nacional ante o poderio do Executivo.

O Supremo tem impedido a tramitação de projetos de lei e até de propostas de emendas constitucionais que contrariam os procedimentos ou avançam sobre cláusulas pétreas da Constituição. Ao agir assim, o STF não está restringindo a independência dos Poderes nem comprometendo a soberania popular. Está apenas cumprindo o seu papel de guardião da Constituição e das regras do jogo democrático. Sua intervenção se dá a favor e não contra a democracia.

Cláusula de barreira e partidos políticos: quando menos é mais

Até há pouco prevalecia no Brasil a noção intuitiva segundo a qual o regime democrático só seria pleno se baseado na completa e incondicional liberdade de criação de partidos políticos. Tal visão associava a representatividade em eleições proporcionais e a proteção das minorias a um pluripartidarismo sem limites, como se quanto mais partidos tivéssemos mais democracia teríamos. Tamanha era a penetração da ideia que até o Supremo Tribunal Federal entrou na onda, derrubando uma louvável cláusula de barreira que exigia certo desempenho eleitoral como condição de acesso ao Fundo Partidário e ao horário eleitoral dito gratuito.

Estávamos errados, como agora todos sabemos. Quem o demonstra não sou eu, mas os fatos, com impiedosa ironia. A farra da criação desenfreada e paroquial de partidos políticos vem produzindo efeito contrário ao desejado: quanto mais essas legendas de aluguel proliferam, menos democrático se torna o nosso regime político. Sem qualquer controle quantitativo ou qualitativo, essas pseudoagremiações partidárias acabam por abocanhar polpudas verbas públicas e passam a ocupar minutos preciosos nos veículos de comunicação às expensas dos contribuintes. Em regra, prestam-se a toda sorte de acertos, sempre voltadas ao interesse pessoal de seus líderes, sem a mais tênue ligação com os eleitores de que se arrogam representantes.

Do ponto de vista da governabilidade, o sistema partidário é uma tragédia. A pulverização excessiva inviabiliza consensos minimamente estáveis e sustentáveis, tornando os gestores públicos reféns de um infindável jogo de chantagens em troca do incerto apoio político. Nesse varejo de miudezas, as grandes questões nacionais ficam relegadas a mera retórica política.

Mas é chegada a hora de mudar. A consciência do colapso do sistema político-partidário no Brasil parece estar madura. Alguns dos nossos mais respeitados cientistas políticos, juristas e políticos se dizem convencidos da necessidade de uma cláusula de barreira (ou de desempenho, como talvez seja mais simpático denominá-la) que condicione o acesso ao dinheiro e ao horário eleitoral a alguma representatividade real dos partidos. Particularmente, penso que devemos ir ainda mais longe, instituindo um mecanismo de redistribuição de cadeiras nas eleições proporcionais se o partido não alcançar determinado desempenho. A liberdade de criação ou cisão de partidos não é absoluta, devendo conformar-se a regras que visam coibir fraudes e promover valores importantes, como a idoneidade do sistema, a funcionalidade do Parlamento e, também, a governabilidade do país.

Em 2017, a Emenda Constitucional nº 97 finalmente passou a prever a cláusula de desempenho, e já se antevê um enxugamento do quadro partidário nos próximos anos. Espera-se que o Supremo proclame a validade dessa decisão legislativa e abra caminho para a evolução da democracia no Brasil. Neste, como em outros casos, menos é mais.

O Supremo, afinal, representa o povo?

No artigo intitulado "A razão sem voto", o ministro Luís Roberto Barroso apresenta uma síntese de sua visão sobre os papéis institucionais exercidos pelo Supremo Tribunal Federal no arcabouço da democracia brasileira. Fruto certamente de uma combinação de suas reflexões teóricas como *scholar* e de sua experiência prática como jurista, advogado e, mais recentemente, juiz da própria Corte, o texto refaz o itinerário histórico do constitucionalismo no Brasil, descreve com precisão a emergência do Judiciário como Poder político independente após a promulgação da Constituição de 1988 e culmina com a apresentação das funções que, a seu ver, deveriam ser exercidas pela jurisdição constitucional.

Ao lado do papel *contramajoritário*, consistente na anulação de leis contrárias à Constituição, Barroso atribui ainda ao Supremo dois outros papéis menos ortodoxos: o *papel representativo*, entendido como a função de captar o sentimento popular majoritário que tenha sido negligenciado pelos canais de representação política; e *o papel de vanguarda iluminista*, em cujo exercício a Corte assumiria a tarefa de *empurrar a história e o progresso social*.

As razões para justificar essas funções seriam a crise da representação política, a natureza falha do processo político eleitoral para expressar os anseios e as preferências da maioria da população e a maior permeabilidade dos políticos à captura por grupos de interesses econômicos, religiosos e corporativos. Os juízes, ao contrário, seriam menos suscetíveis às influências do mundo da política, pois são selecionados em sua maioria por concurso público e garantidos pela vitaliciedade do cargo. Daí então Barroso confiar esse duplo encargo ao Judiciário: vocalizar o sentimento das ruas, sob a forma de argumentos jurídicos, diante da indiferença das instâncias representativas (uma espécie de papel *representativo subsidiário*); e fazer ecoar a sua própria voz, para *"empurrar a história quando ela emperra"* (papel de *vanguarda iluminista*). Tenho por objetivo discutir aqui os possíveis impactos, em termos de incentivos políticos, dos papéis de *instância representativa* e de *vanguarda iluminista* sugeridos pelo ministro.

Quando, há pouco mais de dois séculos, o ministro da Suprema Corte dos Estados Unidos John Marshall proferiu a sua célebre decisão no caso Marbury *versus* Madison, havia mais em jogo do que apenas a supremacia da Constituição escrita e a autoridade do Poder Judiciário para determinar seu sentido em caráter definitivo. Esse foi o precedente universal que abriu caminho para o controle judicial da constitucionalidade das leis. Tal decisão histórica inaugurou uma nova era nas relações entre a política e o Direito, por ser um experimento que propôs a combinação da noção liberal de governo limitado com a ideia de soberania popular.

Embora esses dois ideais contenham aspirações humanas ancestrais, eles sempre conviveram em uma relação conflituosa. O controle judicial da constitucionalidade surgiu nos Estados Unidos da América como a *voz da razão* – "desprovida de força ou vontade e dotada apenas de discernimento" (*"having neither force nor will, but merely judgment"*)[3] – e invocando sua aptidão para, de forma racional e isenta, delinear as fronteiras entre os *valores básicos da sociedade* (os limites constitucionais) e a *vontade da maioria* (as leis e os programas de governo). Desde então, a modernidade tem tentado realizar seu projeto de racionalização da política mundo afora por meio do discurso constitucional.

O exercício da jurisdição constitucional é marcado, no entanto, por um *dilema*: entregar a tarefa de interpretar a Constituição, em caráter definitivo, aos legisladores, e com isso consagrar a supremacia do Parlamento; ou atribuí-la a um Tribunal em moldes judiciários e com isso conferir a última palavra jurídica da nação a um colegiado de juízes não eleitos. Mais do que isso: um Tribunal não submetido à forma mais tradicional de controle democrático, que são as eleições periódicas.

A opção pelo modelo de controle jurisdicional da constitucionalidade das leis – que se expandiu até redutos de resistência histórica à sua influência, como a França, a partir da Reforma Constitucional de 2008 – revela a ascensão dos Tribunais Constitucionais no mundo ocidental, desde pelo menos o segundo pós-guerra, como estratégia institucional de moderação à soberania popular e de proteção das minorias. A experiência histórica recente demonstra que as Cortes Constitucionais têm cumprido um importante papel de salvaguarda de direitos fundamentais e de árbitro dos conflitos entre os Poderes, servindo de maneira satisfatória à causa da democracia.

Essa constatação, entretanto, não resolve o dilema. Antes, ao contrário, torna-o mais problemático. Isso porque as intervenções da jurisdição constitucional em decisões dos demais Poderes não são mais apenas pontuais e episódicas – como o foram, no século XIX, as da Suprema Corte norte-americana, limitadas a duas. Tais intervenções passaram a constituir o cotidiano dos regimes democráticos. E como as Constituições não são documentos claros e objetivos, a tarefa de interpretá-las e aplicá-las envolve sempre uma margem, maior ou menor, de subjetividade do intérprete. Isto é, os Tribunais Constitucionais atuam *criativamente* na suposta *revelação* do sentido dos textos que interpretam. Qual a fonte de legitimidade democrática desse enorme poder, que anula leis votadas pela maioria dos representantes eleitos pelo povo? Mais ainda: o que legitima decisões *integrativas* das Cortes, que passam a desempenhar um papel verdadeiramente normativo, de criação do Direito, muito além da função de mero *legislador negativo*?[4]

O jurista alemão Robert Alexy sustenta que o Tribunal Constitucional se legitima quando a coletividade o aceita como instância de reflexão racional do processo político. Se a Corte Constitucional adquire credibilidade política e social, pode-se afirmar que a institucionalização do Estado Democrático de Direito deu certo.[5] É nesse sentido que Alexy faz alusão à função de *representação argumentativa* do Tribunal Constitucional, segundo a qual a sua legitimidade depende da capacidade de produzir argumentos válidos e corretos, que obtenham a aceitação e adesão da sociedade.[6]

A atribuição de uma função de representação ao Tribunal Constitucional, como propõem Alexy e Barroso, desperta algumas perplexidades. O caráter democrático de uma instituição não decorre apenas da investidura popular. A legitimidade pode decorrer de sua *funcionalidade* para o regime democrático, isto é, da capacidade que tenha de contribuir para a continuidade e o aprimoramento da democracia. Assim, ao preservar direitos fundamentais e as regras do jogo democrático, anulando leis aprovadas pela maioria parlamentar, a atuação da jurisdição constitucional se dá a favor e não contra a democracia.

Isso, no entanto, não me parece autorizar que o Tribunal Constitucional se arrogue um papel *propriamente* de representação popular. Em primeiro lugar, entendo que a ideia de representação política é modernamente associada ao exercício de mandatos livres, sem deferência formal à vontade dos eleitores. Essa liberdade é relativizada pela temporariedade do mandato e por seu caráter eletivo, o que assegura algum nível de controle democrático. Tal regime cria, assim, uma estrutura de incentivos políticos que direcionam os representantes para a busca da satisfação das aspirações dos representados, dentro da lógica da política eleitoral. Nesse contexto, a possibilidade de responsabilização política dos agentes políticos pelo povo é a *mola mestra* da democracia representativa.

Ora, a ideia de representação não guarda semelhança com a relação entre o povo e o Poder Judiciário – nem entre aquele e o Supremo Tribunal Federal. Vivemos sob um regime em que os juízes não devem sua investidura à escolha popular e são vitalícios, não estando, portanto, sujeitos aos mecanismos temporários de responsabilização política. Além disso, não existe entre nós a figura do *recall* (a *rechamada* de agentes públicos pelo povo), nem tampouco temos tradição de *impeachment* de ministros da Suprema Corte. Por fim, não custa lembrar que os juízes constitucionais não são politicamente livres, são vinculados a procedimentos e deveres de fundamentação técnica de suas decisões.

Qual o sentido, então, de atribuir-se ao Tribunal Constitucional um papel de representação política? Essa indevida atribuição de um papel representativo aos juízes origina ainda o risco de uma legitimação apriorística, com a diminuição dos ônus de fundamentação, transparência e permeabilidade da Corte à participação dos cidadãos. Embora não seja este o caso, evidentemente, de Barroso e Alexy, a ideia da função representativa pode se prestar, em contextos de embate institucional, como argumento retórico para a usurpação de poderes conferidos pelo povo a seus representantes políticos.

A atribuição de função representativa às Cortes Constitucionais provoca, potencialmente, uma alteração da estrutura de incentivos políticos no regime democrático. Preocupados em buscar apoio popular, juízes constitucionais poderiam se sentir intimidados pelo risco de reprovação de sua atuação em pesquisas de opinião pública ou em críticas jornalísticas. Isso poderia inibir que decisões impopulares, mas necessárias, fossem proferidas. Surgiria, assim, um fator dificultador ao cumprimento do papel contramajoritário pelo Tribunal, o qual, invariavelmente, exige posturas impopulares. Pessoas respondem a incentivos. Agentes públicos são pessoas e tendem a mover-se consoante o sinal dos incentivos produzidos por determinada estrutura institucional.

Por outro prisma, o argumento da representação política oferece o risco de uma artificial imputação do fundamento de algumas decisões do Supremo à vontade popular. Nesses casos, a ausência de mandatos e de eleições periódicas para os cargos de juízes constitucionais impede qualquer tipo de responsabilização política na hipótese de insatisfação popular. Ao contrário do que ocorre nos postos eletivos, juízes não são removíveis de suas cadeiras pela vontade popular. Também ao contrário do que acontece com uma decisão legislativa equivocada, algumas decisões do Tribunal Constitucional – sobretudo aquelas que envolvem a aplicação de cláusulas pétreas – podem acabar se cristalizando no tempo, tendo em vista a impossibilidade (ou a imensa dificuldade) de aprovação de uma emenda constitucional que supere o entendimento da Corte.

Por fim, no que se refere à função de *vanguarda iluminista*, vislumbro a possibilidade de que tal argumento possa legitimar posturas elitistas ou paternalistas por parte de alguns juízes constitucionais. Mesmo quando movido pelas melhores intenções, o Tribunal pode tornar-se uma instância de poder aristocrática, se não se basear em razões estritamente jurídicas. Arrogar-se ainda a condição de agente propulsor do processo histórico é tarefa que pressupõe um sentido de progresso social historicista, potencialmente incompatível com a ideia de autogoverno democrático.

O velho jurista Francisco Campos dizia, numa de suas tiradas cortantes, que o STF, sendo o juiz último da autoridade dos demais Poderes, acabava por se tornar o juiz único de sua própria autoridade. A tentação de juízes constitucionais de emplacar suas visões de mundo pessoais em decisões criativas é enorme. A tal tentação, porém, devem procurar resistir, em nome tanto do ideal liberal de *autodeterminação individual* quanto do ideal democrático de *autodeterminação coletiva*. Mas esse amadurecimento institucional depende da consciência dos magistrados sobre os limites de seu próprio poder, do trabalho arguto e esclarecedor da Academia, da maior representatividade social dos Poderes eleitos e de uma cidadania mais participativa.

4. Liberdade de iniciativa

A liberdade de iniciativa protege o direito de produzir, transferir e acumular riqueza. O direito de propriedade e a autonomia negocial são as molas mestras da liberdade de empreender. Não tem mais cabimento discutir se o livre mercado é uma força para o bem ou para o mal. Sua pujança para gerar prosperidade e inovação não tem paralelo na história da humanidade. Por outro lado, suas falhas são já bem conhecidas no campo da economia da regulação.

Como demonstrado por Norbert Reich, existe uma relação de dupla instrumentalidade entre mercado e Estado: o mercado instrumentaliza o Estado, na medida em que exige instituições jurídicas que viabilizem o seu funcionamento (propriedade, contratos, livre concorrência, instituições que garantam a aplicação da lei); mas o Estado também instrumentaliza o mercado, por meio de diferentes formas de regulação econômica que o orientam à consecução de fins socialmente desejáveis (proteção do meio ambiente, do consumidor, da privacidade, objetivos redistributi-

vos).¹ Como lapidarmente sintetizado pelo dramaturgo e ensaísta Bernard Shaw, "a economia é a arte de extrair o máximo da vida".²

É preciso ter atenção, no entanto, para que a regulação não se desvirtue e acabe capturada pelo populismo político ou pelos próprios agentes em posição dominante: as duas opções representam ameaças à força transformadora da livre iniciativa e à ampliação de outras dimensões da liberdade humana.

Populismo regulatório

Populismo é o regime político que planta uma mentira doce no presente para colher uma verdade amarga no futuro. Pensa na próxima eleição e não nas próximas gerações. Quando a conta chega, Inês é morta – os populistas já se foram, restando à sociedade arcar com as consequências da sua irresponsabilidade. Nas ditaduras, a culpa é do caudilho. Nas democracias, a culpa é de um autoengano coletivo. Ou seja, de todos e de cada um de nós.

Congelar preços, maquiar números da inflação e inventar "pedaladas fiscais" para melhorar o desempenho das contas públicas são artimanhas comuns aos regimes populistas aqui e mundo afora. O que chama a atenção no Brasil, já há alguns anos, é o uso dos instrumentos de gestão pública em um fenômeno que poderíamos chamar de populismo regulatório. Dou exemplos.

O custo de geração da energia elétrica por usinas térmicas é bem mais alto do que por hidrelétricas. Por isso aquelas só são acionadas quando o nível destas está muito baixo e há risco de crise no abastecimento. Para evitar que o custo do uso das térmicas chegasse inteiramente aos consumidores – o que poderia prejudicar os planos do governo, que almejava a reeleição em 2014 –, a então presidente, Dilma Rousseff, transferiu uma parcela do valor para os geradores e comercializadores de energia. Em outras palavras, os parques eólicos, as pequenas e grandes hidrelétricas e as próprias térmicas foram todos obrigados a pagar a conta adicional nesse período. Como a mudança do sistema caracterizava rompimento de contrato, os prejudicados foram à Justiça e obtiveram liminares para não pagar o adicional. A disputa aumentou o nível de insegurança jurídica, desestimulando investimentos e impedindo a expansão da matriz energética do país. Passados alguns anos, o consumidor foi chamado a pagar a conta, só que alguns bilhões de reais mais alta.

A Linha Amarela, no Rio de Janeiro, é uma rodovia municipal cedida mediante concessão à iniciativa privada há muitos anos. É natural que haja divergências sobre o valor do pedágio em contratos de longo prazo, sobretudo quando o poder público exige da concessionária obras de conservação e expansão. Para isso existem mecanismos contratuais de reequilíbrio da tarifa, alongamento de prazos e compensação dos usuários. Eis que, de olho na eleição seguinte, o prefeito da cidade determinou o levantamento de cancelas e até o cancelamento da concessão, com a depredação das praças de pedágio. Todas as decisões do prefeito foram suspensas pela Justiça. O resultado será, inevitavelmente, uma tarifa de pedágio mais alta a ser cobrada dos usuários em breve.

Em meio a uma greve nacional de caminhoneiros que causou a paralisação da economia e o desabastecimento nos postos de combustíveis, o presidente Michel Temer editou, em 2018, uma medida provisória – depois convertida em lei – que tabelou o frete rodoviário no país. Feita de afogadilho para aplacar a crise, sob chantagem de uma categoria econômica poderosa, a norma produziu o aumento dos custos na indústria e no agronegócio e o aumento de preços ao consumidor. Pagamos todos, ao final, porque uma categoria tem uma regra especial que revoga, só para ela, a lei da oferta e da procura, protegendo-a dos riscos naturais do negócio.

A maturidade democrática de uma sociedade é alcançada quando o povo tem informação e consciência sobre as consequências de suas escolhas. Palavras de ordem podem animar as massas em protestos de rua, mas o que faz a diferença, a médio e longo prazos, é encarar a realidade como ela é. Não há vantagem alguma em dar crédito a aventureiros ou viver de ilusões. Também na economia só a verdade liberta.

Livre concorrência e inovação

Disrupção é a palavra da moda. Telefones fixos, agências de viagens, táxis de rua, encontros amorosos e goleiros de pelada nunca mais serão os mesmos. O uso de aplicativos de internet para aproximar pessoas com interesses comuns transformou velhos mercados e fez surgir novos. Modelos de negócios baseados em tecnologias inovadoras produzem um efeito *disruptivo* sobre determinados mercados, alterando o comportamento dos consumidores, o nível da demanda, pressionando os preços para baixo e a qualidade para cima. Na expressiva definição do economista austríaco Joseph Schumpeter, instaura-se uma disputa entre a *destruição criativa* e a *proteção destrutiva*, entre a melhoria do bem-estar dos consumidores, produzida pela inovação, e a preservação do *status quo*, com a transformação da regulação antiga em verdadeira barreira de entrada no mercado a novos *players*.

Naturalmente, legisladores e reguladores não poderiam considerar o aluguel de quartos privados do Airbnb quando elaboraram as normas de segurança e zoneamento urbano de hotéis, nem poderiam pensar no uso de um aplicativo de *smartphone*, como Uber, para o transporte individual de passageiros quando elaboraram as normas de licenciamento de táxis. Assim, a reação dos grupos que dominam mercados desestabilizados por inovações disruptivas tem sido baseada na defesa da legalidade, isto é, na aplicação das estruturas regulatórias em vigor como forma de impedir o acesso de novos entrantes em seus mercados e evitar a perda de clientes e a pressão da concorrência sobre os preços.

Tal circunstância explica por que um juiz de Nova York aplicou uma multa elevada ao proprietário de um apartamento que estava recebendo estranhos por três dias mediante pagamento via Airbnb, por equipará-lo a um hotel sem a licença legal; ou por que Cortes da Bélgica e da Alemanha proibiram as atividades do Uber, consideradas similares às de um táxi sem licença; ou por que a lei francesa chamada "Lei Thevenoud" obriga os carros do Uber a retornar a uma base entre as corridas e restringe severamente o uso de *softwares* para encontrar clientes nas ruas. Esses exemplos se parecem com leis e regulações editadas no Brasil que proibiram ou restringiram intensamente as atividades de empreendedores e consumidores integrados pelo modelo da economia de compartilhamento.

Então, o que parece haver no ciclo da introdução das novidades disruptivas é uma primeira etapa na qual legisladores e reguladores tendem a ser reativos a elas. Interpretam o novo de forma a fazê-lo o mais parecido possível com o velho, empurrando-o para a ilegalidade e criando um incentivo contrário à inovação. Mas por que isso acontece? Primeiro, porque eles têm um viés contrário à inovação decorrente da defesa do modelo que construíram. Segundo, porque teriam que, de algum modo, reconhecer a insuficiência ou incompletude do seu trabalho e se curvar às críticas e sugestões de outras instituições, como órgãos de defesa da concorrência. E, terceiro, porque são, às vezes, capturados pelos regulados, o que se soma aos demais fatores na proteção dos agentes já estabelecidos.

Na segunda etapa desse ciclo quase sempre ocorre algo como uma *contrarreação* dos órgãos de defesa da concorrência. Na Europa, por exemplo, a Comissão Europeia anunciou que vai questionar a lei francesa e as decisões belga e alemã como violadoras de tratados da União Europeia, pela criação de barreiras à livre concorrência e pelo desestímulo à inovação. Foi nesse sentido a declaração indignada da vice-presidente da Comissão Europeia, Neelie Kroes, para quem "essas decisões não tratam de ajudar ou proteger os consumidores, mas de proteger o cartel dos táxis". No Brasil, as autoridades antitruste vêm cumprindo esse papel de *advocacia da concorrência*, expondo como a indústria do táxi se beneficia de regulações que criam um monopólio artificial e transferem renda indevidamente dos consumidores para os prestadores do serviço. No entanto, como as autoridades antitruste não detêm jurisdição sobre leis e normas regulatórias, falta a elas poder para derrubá-las.

Assim, o conflito entre inovação e regulação deságua, invariavelmente, no Poder Judiciário. Essa seria uma terceira etapa do processo, na qual, provocado pelas autoridades antitruste ou pelos próprios empreendedores disruptores, o Judiciário é chamado a deliberar sobre a validade das barreiras regulatórias. Aos juízes caberá desobstruir os canais da inovação e assegurar a abertura de mercados fechados à concorrência de novos entrantes.

Mas o Judiciário tem as capacidades institucionais necessárias para enfrentar esse desafio? Apresento, a seguir, alguns argumentos otimistas sobre essa capacidade. Primeiro, os juízes são atores externos não comprometidos com o viés dos legisladores e reguladores. Segundo, os juízes se encontram na posição institucional de apontar as falhas dos demais Poderes. Terceiro, os juízes têm poder para superar barreiras de entrada, em defesa da livre concorrência, em especial quando baseados em estudos das autoridades de defesa da concorrência, que funcionam como colaboradores da Corte ou peritos judiciais. E, por último, mas não menos importante, os juízes são mais independentes e menos suscetíveis à captura pelos agentes econômicos que dominam os mercados.

Do ponto de vista prescritivo, sustento que deva haver um *standard* de controle judicial a favor da inovação. O *standard* funcionaria da seguinte maneira: a) se o regulador contemplar a inovação disruptiva com regras que facilitem o seu ingresso no mercado e não inibam nem impeçam a inovação, o Judiciário deve ser deferente em relação às escolhas legislativas e regulatórias; b) se o regulador não se manifestar nem adotar normas que impeçam o acesso dos entrantes inovadores ao mercado, o Judiciário deve ser ativista, considerando essa postura passível de se constituir em uma barreira de entrada ilegítima. Nesse caso, o *standard* de controle deve ser mais severo, exigindo de legisladores e reguladores explicações de interesse público que possam justificar a regulação. No Brasil, algumas decisões judiciais foram proferidas sob tal *standard*, reconhecendo que a regulação em certos casos se transformou em verdadeira barreira ilegítima à livre concorrência, já que o bem-estar dos consumidores seria beneficiado pela concorrência de empresas exploradoras de novas tecnologias.

Evidentemente, o controle judicial não deve ser a última etapa do ciclo da inovação, porque juízes não têm a *expertise* e a experiência necessárias para formular desenhos regulatórios, sobretudo em cenários marcados por grande incerteza de informações. O papel do Judiciário deve ser o de manter abertos os canais da inovação e promover a livre concorrência. A quarta e última etapa do ciclo deve ser o engajamento de reguladores e legisladores em um diálogo institucional, no qual se busquem respostas aos problemas e efeitos colaterais indesejáveis decorrentes das novas tecnologias.

Nesse ponto, legisladores e reguladores terão de enfrentar o que tem sido chamado de "dilema de Collingridge", que envolve a dúvida entre regular precocemente e inibir a inovação ou regular tardiamente e permitir a consolidação de práticas nocivas de difícil remoção *a posteriori*. Para lidar com as incertezas científicas e de informações quanto aos impactos das novas tecnologias, a regulação deve optar por normas regulatórias minimalistas, de caráter experimental, que permitam adaptações e aprendizado no decorrer do tempo. Essas normas orientadas a favor da inovação costumam resultar num regime regulatório que favorece o ingresso dos inovadores, assegurando proteção mínima aos consumidores em termos de segurança, informação adequada e privacidade, sem a definição apriorística de modelos, tecnologias e objetivos específicos.

O Congresso Nacional editou a Lei nº 13.640/18, sobre o transporte privado de passageiros por usuários cadastrados em aplicativos e outras formas de comunicação em rede. Ao que parece, o legislador brasileiro se orientou por esses critérios, tendo se limitado a dispor sobre os seguintes pontos: a) a exigência de contratação de seguro de acidentes pessoais a passageiros e o seguro obrigatório geral; b) o pagamento dos tributos municipais; c) a inscrição dos motoristas no seguro social; d) a habilitação técnica de motorista profissional; e) a idade máxima dos veículos; f) a checagem dos antecedentes criminais dos motoristas.

A decisão do legislador brasileiro indica, por um lado, que o espaço aberto por sucessivas decisões judiciais leva a uma nova estrutura regulatória que contempla as novas tecnologias e os modelos de economia compartilhada. Por outro lado, a opção por uma regulação, ainda que minimalista, responde à demanda dos usuários pela preservação de sua segurança, da saúde e do meio ambiente. Uma escolha prudente, que não desestimula a inovação, mas que procura minimizar os riscos e impactos negativos dela decorrentes, permitindo a adaptação e o aprendizado diante de uma realidade velozmente mutável.

Liberdade de exercício profissional

A Constituição brasileira prevê que o exercício de qualquer trabalho, ofício ou profissão é livre, atendidas as exigências de qualificação técnica que a lei estabelecer. A ideia seria a proteção do consumidor contra serviços de baixa qualidade, no caso de profissões nas quais a livre concorrência ou a regulação de qualidade e informação não sejam suficientes. Enquadram-se nessa categoria os chamados *bens de experiência*, assim entendidos os serviços cuja qualidade não possa ser verificada senão pelo consumo. Essa circunstância justifica a regulação de entrada em profissões como direito, medicina e engenharia, diante do risco aos direitos fundamentais dos consumidores (como a vida, a saúde e a liberdade) oferecido por prestadores mal preparados. No caso dos demais serviços e profissões, a livre concorrência parece ser melhor opção do que a regulação de entrada, uma vez que, pela sua natureza, é possível ter alguma consciência da qualidade relativa do serviço oferecido antes de consumi-lo.

A justificativa para a regulação de profissões depende dos custos e benefícios da imposição da barreira de entrada, diante das características empíricas do mercado regulado. A burocratização desnecessária traz riscos como a corrupção e a distorção de incentivos. Esses riscos são maiores quando os impactos da regulação de entrada não são medidos desde o início nem acompanhados ao longo do tempo. Em muitos casos, a regulação de entrada não serve a qualquer finalidade legítima, sendo mera estratégia de reserva de mercado em manifesto prejuízo dos consumidores.

A jurisprudência do Supremo Tribunal Federal registra três casos que bem ilustram a situação descrita. A Corte julgou inconstitucional lei que condicionava o exercício da profissão de corretor de imóveis à inscrição no Conselho Federal da categoria.³ Ao constatar que o ofício em questão não demanda, por sua natureza, qualificação técnica específica, o Tribunal considerou que a exigência do registro profissional era inconstitucional, sendo voltada para a consecução de privilégios e a reserva de mercado, mediante restrição do número de profissionais habilitados.

Em outro caso, o Supremo declarou inválido o artigo 4º, inciso V, do Decreto-Lei nº 972/69, que exigia a apresentação de diploma universitário de jornalismo para a obtenção do registro profissional de jornalista no Ministério do Trabalho.⁴ Entendeu-se que a restrição era inadequada, de vez que a atividade de comunicação social pode ser perfeitamente exercida por pessoas com variadas formações. Além disso, o pluralismo do debate público e o próprio acesso à informação dependem da possibilidade de livre expressão não apenas de jornalistas, mas também de economistas, juristas, engenheiros, médicos, desportistas, artistas, entre tantos outros especialistas, técnicos ou não.

Por isso a regulamentação da profissão de jornalista, além de criar uma injustificável reserva de mercado, acabava por produzir um indesejável efeito silenciador, incompatível com a plenitude das liberdades de imprensa e de expressão, nos termos assegurados pela Constituição. Na valiosa síntese do professor Fernando Dias Menezes de Almeida, "impedir, por razões de polícia das profissões, que algum indivíduo manifeste sua opinião em veículos de imprensa é necessariamente o mesmo que censurá-lo. A qualificação como jornalista não modifica o status do indivíduo como titular da liberdade de expressão".⁵

Por último, a Suprema Corte julgou inconstitucional a exigência, contida na Lei nº 3.857/60, de registro de músico em conselho profissional, seja pela ausência de potencial lesivo na atividade a terceiros, seja em razão do direito fundamental à liberdade de expressão artística.⁶ Além da preservação da intangibilidade da liberdade de criação intelectual, parece evidente que cabe ao público exercer livremente as suas preferências artísticas, sem qualquer interferência estatal.[7]

Existe uma nítida relação, em alguns casos, entre reserva de mercado, regulação profissional e ranço de paternalismo estatal. Uma coisa é a regulação que impõe exigências em defesa da vida, da saúde, da liberdade e do patrimônio das pessoas. Outra coisa é fazer uso da retórica de proteção do consumidor para criar reservas de mercado. O caldo de cultura política que ainda aceita esse tipo de engodo como algo natural e benéfico – embora sem evidências de produzir benefícios concretos – é a expressão do paternalismo. A reserva de mercado artificialmente instaurada só limita as escolhas do consumidor, impedindo o surgimento de novos modelos de negócio, por vezes mais eficientes e mais baratos.

5. Liberdades existenciais e autonomia privada

Somos iguais, mas diferentes. O direito à diferença, por paradoxal que pareça, é um desdobramento do direito à igual liberdade. Neste último capítulo serão abordadas liberdades existenciais, como o direito à livre orientação sexual, o direito à identidade de gênero, o direito ao próprio corpo, com todas as suas variações, até o direito à vida e à morte dignas. O direito ao mínimo existencial é apresentado como um conjunto de condições materiais, intelectuais e psicológicas mínimas para o exercício da autonomia da vontade, sem as quais não há vida digna nem liberdade real.

Liberdade de orientação sexual e de identidade de gênero

O primeiro filme de que minhas filhas realmente gostaram – com aquele encantamento que só a sétima arte consegue provocar – foi *O show de Truman* (1998). Nele, ainda bebê, o protagonista, chamado Truman, é levado para viver numa espécie de cidade-bolha, um mundo *fake*, no qual tudo que acontece é controlado de uma cabine pelo diretor da série de televisão. É isso: um programa acompanhado diariamente por milhões de telespectadores, em que todos os que interagem com Truman são atores, atrizes e figurantes, o que inclui até seus pais, mulher, amigos e colegas de trabalho. Todos têm um *script* a cumprir, ações a realizar, tudo em função do roteiro determinado para Truman. Todos representam um papel, salvo Truman, para quem aquilo é a vida real.

  O determinismo é a questão central do filme, que nos leva a meditar sobre os papéis que exercemos na vida e sobre até que ponto nos dispomos a cumpri-los como que por destino. Isso subverte um dos impulsos mais poderosos da natureza humana: o exercício da liberdade de maneira singular, diferente de todos os demais. Ninguém se sentiria livre se estivesse vivendo um jogo de cartas marcadas, com um roteiro preconcebido.

  Embora identificado com a chamada nova esquerda (*new left*), o movimento de reconhecimento dos direitos à orientação sexual e à identidade de gênero é, a meu ver, uma causa libertária. As pessoas nascem livres para se tornarem quem são ou desejam ser – pouco importa a distinção entre ser ou desejar ser. O determinismo religioso, histórico ou científico vale para aqueles que o professam. A beleza da democracia liberal está em que os projetos de vida não são impostos por ninguém, nem pela ciência, nem pela família, nem pelo Estado. Assim, quaisquer que sejam as razões que levem à diferença, ao Direito cabe apenas reconhecer e proteger as pessoas diferentes com igual respeito e consideração.

O reconhecimento das uniões homoafetivas pelo Supremo Tribunal Federal em 2011 – o primeiro Tribunal Constitucional no mundo a fazê-lo – foi um dos pontos altos da história libertária da Corte. Na tribuna, o então advogado, hoje ministro do Supremo, Luís Roberto Barroso, fez talvez o mais belo discurso de sua brilhante carreira. "Na vida, o que importa são os nossos afetos." Ele tem razão. Mas, para o Direito, os afetos não importam tanto. Como brinquei com Barroso à época: "Se querem casar, que lhes seja assegurado o igual direito à infelicidade!" O que importa, na verdade, é a liberdade.

No *Show de Truman*, o protagonista descobre, afinal, que vive num cativeiro. Sua irresignação o leva a desafiar a voz que dirige o *Show* e buscar o desconhecido. O diretor o adverte dos riscos terríveis que o aguardam no mundo exterior. No *Show*, ao contrário, tudo estaria sob controle. Mas Truman rompe a barreira do medo, representado pelo cenário, e escolhe ser livre – uma opção consciente pela incerteza. Ainda que decidisse não escolher, já seria uma escolha.

Lembro-me agora, com tristeza, de um amigo de escola cuja trajetória foi precocemente interrompida pelo suicídio. Era um sujeito inteligente, culto, sensível. Era possível reconhecer nele, desde a mais tenra infância, a orientação homoafetiva. Pertencia a uma tradicional família de militares religiosos na qual não havia espaço para a genuína diferença. Viu-se condenado a uma existência inautêntica, uma insuportável negação de si mesmo. Não aguentou. Penso numa imensa sequoia centenária do Muir Wood Park, na Califórnia, e imagino-a como um bonsai plantado num pequeno vaso. Lembro-me do meu amigo e lamento que ele não tenha tido tempo de viver em plenitude o seu futuro de múltiplas possibilidades.

Direito ao próprio corpo, perfeccionismo moral e paternalismo

O direito ao próprio corpo é um dos aspectos da inviolabilidade da vida privada diante da ação do Estado. Esse direito deve ser preservado mesmo que as escolhas dos indivíduos possam ser consideradas exóticas ou despropositadas, mas desde que elas não afetem os direitos de terceiros. Nesse sentido, é necessário cuidado com normas *perfeccionistas*, fundadas na ideia de que é missão legítima do Estado criar incentivos para que os indivíduos incorporem determinados conceitos de virtude pessoal. Essas normas *perfeccionistas* ignoram a importância da vontade como vetor fundamental para a determinação do curso de ação do indivíduo. A imposição de uma concepção moral específica, ainda quando majoritária, como modelo para a exigência pedagógica de comportamentos virtuosos, não serve de fundamento a nenhuma ordenação juridicamente válida da vida privada.

Além das normas *perfeccionistas*, existem as baseadas no paternalismo estatal. Aqui não se trata da imposição de planos de vida nem da definição de sentidos para a ação individual, mas da obrigatoriedade de seguir condutas que supostamente permitiriam a satisfação de preferências pessoais. O paternalismo estatal lida com uma presumida *debilidade* da vontade que *vicia* o exercício da autonomia privada: é como proteger o indivíduo de si próprio, de modo a que, em determinadas circunstâncias, se torne justificável a tutela do Estado. As ordenações paternalistas que protegem as crianças e os adolescentes são, normalmente, admitidas como válidas desde que desconsiderem a prioridade, até certo ponto, das escolhas exercidas pelos pais ou responsáveis.

O risco das ordenações paternalistas decorre da dificuldade em distingui-las, na prática, dos casos em que há apenas uma valoração diferente, da parte do Estado, sobre a conduta que o sujeito considera essencial ao seu projeto de vida. Esse risco é atenuado quando a norma paternalista tem por objetivo proteger interesses reconhecidos como primordiais e quando os comportamentos impostos não perturbam seriamente as ações de valor existencial para o indivíduo. A obrigação do uso do cinto de segurança em veículos e do capacete por usuários de motocicletas são bons exemplos: o paternalismo estatal visa à proteção da vida e da integridade física, enquanto a medida adotada não tem repercussão séria sobre escolhas existenciais de quem quer que seja.

Em outros casos, a providência estatal atua, simultaneamente, na proteção de terceiros e do próprio indivíduo, de que são exemplos as medidas sanitárias, como a vacinação obrigatória. Mas, nos casos em que o tratamento médico interfere nas escolhas existenciais do indivíduo – por exemplo, suas convicções religiosas ou filosóficas – sem riscos para terceiros, a medida ordenadora deverá ceder ante a autonomia da vontade individual.

A decisão da Câmara dos Lordes, no Reino Unido,[1] de proibir a violência física em relações sadomasoquistas consentidas constitui medida revestida tanto de caráter *perfeccionista* quanto de injustificável paternalismo. Além de revelar submissão a padrões morais dominantes, a decisão desconsidera o fato de que os praticantes são indivíduos maiores e capazes, cujas práticas fazem parte de seu modo de vida e de sua orientação sexual. Da mesma maneira, a proibição dos chamados *peep shows* (estabelecimento onde pessoas em cabines pagam para assistir a um *striptease*),[2] por decisão do Tribunal Constitucional Federal da Alemanha, ignora a circunstância de que as mulheres que fazem as performances, sob os olhares e os comandos dos espectadores, são maiores e capazes. Além disso, em regra, não são tocadas, muito menos submetidas a qualquer situação desumana.

A proibição dos eventos públicos de *arremesso de anões*, na França, pelo prefeito da Commune de Morsang-sur-Orge – confirmada em 1995 pelo Conselho de Estado –, também pode ser considerada uma ordenação *perfeccionista* e paternalista, já que ultrapassa as fronteiras da preservação da ordem pública na sua tradicional trilogia: segurança, tranquilidade e salubridade. A prática, de gosto questionável, consiste numa forma de entretenimento em que anões são arremessados de um ponto a outro de uma casa noturna. Embora os eventos não representem qualquer perturbação à tranquilidade pública e contem com o consentimento explícito das pessoas arremessadas, o Conselho de Estado entendeu que a proteção da dignidade humana estaria incluída na competência de ordem pública da polícia municipal.[3]

O sujeito interessado recorreu à Corte Europeia de Direitos Humanos, alegando que o arremesso não oferecia riscos à sua integridade física e que o efeito da decisão do Conselho de Estado seria a perda do emprego e do correspondente salário, o que comprometeria a sua existência digna. O ponto que talvez não tenha sido devidamente considerado é que os espetáculos tinham também um significado existencial para as pessoas que deles participavam. Nesse sentido, talvez fosse o caso de indagar se a Administração Pública também não deveria proibir tradicionais espetáculos circenses que incluem o "homem-bala", o "engolidor de fogo ou de espadas" e o "domador de leões". Nesses casos, como em outras profissões, a periculosidade é inerente à atividade artística, seja quando a pessoa é propulsionada por um projetil de fogo, seja quando introduz objetos em seu trato digestivo ou quando se arrisca fazendo estripulias na jaula de animais ferozes.

Alguém poderia objetar argumentando com a posição de vulnerabilidade social e econômica das pessoas de baixa estatura, o que as tornaria mais suscetíveis a aceitar posições ultrajantes à sua própria dignidade. A meu ver, todavia, as providências estatais em defesa de pessoas vulneráveis devem ser estruturadas para devolver-lhes a capacidade de decidir autonomamente e não para tolhê-las por completo. Assim, programas de qualificação profissional voltados para a inclusão de indivíduos com necessidades especiais no mercado de trabalho e medidas de incentivo à sua absorção por empresas são preferíveis àquelas que simplesmente lhes interditem o acesso a determinadas atividades pouco valorizadas socialmente.

As medidas de polícia protetivas da dignidade humana adotáveis sem o consentimento expresso do beneficiário seriam as dirigidas a pessoas privadas da capacidade de decisão racional e expostas a grave degradação física, psíquica ou moral. A Lei nº 10.216/01 prevê tanto a internação involuntária de paciente psiquiátrico – aquela solicitada pela família e chancelada por laudo médico, que deve ser comunicada em até 72 horas ao Ministério Público – como a internação compulsória, determinada por decisão judicial, ainda quando ausente a solicitação familiar. Como privação temporária da liberdade, a internação não consentida é medida ordenadora cuja validade jurídico-constitucional depende sempre de determinação do Poder Judiciário, mesmo se solicitada pela família, em razão da garantia constitucional do devido processo legal (CF/88, art. 5º, inciso LIV).

Ademais, o prazo da internação e o tratamento prescrito devem ser proporcionais à natureza e à gravidade do transtorno mental em cada caso, como aspectos a serem expressamente abordados na motivação da decisão judicial, sob a fiscalização do Ministério Público. Por fim, deve-se registrar que a internação não consentida constitui medida de *ultima ratio*, a ser adotada somente se e quando as providências menos gravosas se mostrarem inócuas, sempre tendo por objetivo a restituição do indivíduo ao convívio social e, na medida do possível, ao exercício livre e consciente das próprias escolhas.

Direito à morte digna

O fim da existência é um dos maiores mistérios da trajetória humana. Desafia a nossa capacidade de encontrar um sentido último para a vida e, talvez por isso, seja também um grande tabu. Embora cada vez mais prolongada pela ciência, a vida ainda é um direito finito e a morte, um destino inexorável. Falar sobre ela causa desconforto por lembrar-nos da nossa condição vulnerável e precária. Mas a morte faz parte da vida, e passar por esse momento de forma digna é algo que deve interessar a nós e a todos a quem amamos. Por isso esse tema interessa à moral e ao Direito.

Não abordo aqui a questão da morte do ponto de vista teológico ou filosófico. Reflito apenas sobre o que o direito à morte digna é ou deveria ser. O Direito é o que o "dever ser" é. A moral, o que o "dever ser" deve ser. Penso que o Direito brasileiro contempla a autonomia privada ao longo de toda a existência humana, do nascimento à morte. A liberdade de escolher até quando viver e como morrer é inerente à noção de autonomia. Embora possa e deva criar condições que facilitem a vida digna, não se dá ao Estado o controle para seu prolongamento indefinido, muito menos contra a vontade do paciente. A sacralidade da vida humana não deve nos impedir de reconhecer esse direito fundamental, que é também projeção da especial dignidade do ser humano.

Para lidar com doentes terminais, em estado irreversível, vegetativo persistente ou de intenso sofrimento, desenvolveram-se algumas categorias distintas de procedimentos. A *ortotanásia* designa o procedimento que permite a morte em seu tempo próprio, não combatida por métodos desproporcionais e extraordinários, nem apressada por ação intencional externa. Trata-se de uma prática voltada para a humanização da morte que procura evitar prolongamentos abusivos e sofrimentos adicionais, utilizando os *cuidados paliativos* médicos disponíveis para aplacar o sofrimento físico e psíquico do enfermo. Esses cuidados envolvem, por vezes, a administração de substâncias para controlar a dor, a angústia e a depressão, as quais podem abreviar o tempo de vida. A antecipação da morte não é um efeito intencional, mas simplesmente decorrente do objetivo central, que é oferecer o máximo possível de conforto ao paciente.

A *eutanásia*, de maneira diversa, consiste na ação médica intencional de apressar ou provocar a morte, com finalidade benevolente, de pessoa que se encontre em situação considerada incurável e irreversível, em intenso sofrimento físico e psíquico, consoante padrões médicos vigentes. De acordo com o consentimento ou não do paciente, a *eutanásia* pode ser voluntária, não voluntária ou involuntária. A voluntária, por evidente, decorre de manifestação de vontade expressa e informada do indivíduo ou de seu representante legal. A não voluntária é aquela realizada sem o conhecimento da vontade do enfermo, normalmente envolvendo pessoas incapacitadas devido ao estado clínico. Já a involuntária é a que se perfaz contra a vontade do paciente, sendo entendimento corrente a sua equiparação ao crime de homicídio.

Fala-se ainda em *distanásia*, para designar as tentativas de retardamento da morte de maneira artificial, com emprego de meios extraordinários e desproporcionais, mesmo que provoquem dores e sofrimentos a uma pessoa cujo desenlace seja iminente e inevitável. Não se trata propriamente do prolongamento artificial da vida, mas sim do processo da morte, em que os improváveis benefícios são muito menores que os danos causados. Daí porque a *distanásia* costuma ser associada à obstinação terapêutica e ao tratamento fútil.

No Direito Penal brasileiro, todavia, essas categorias não têm tratamento individualizado. Segundo o entendimento convencional, tanto a *eutanásia* quanto a *ortotanásia* constituiriam homicídio. A primeira, na modalidade comissiva (por ação); a segunda, na modalidade omissiva (por omissão). O auxílio ao suicídio é tratado em tipo penal específico. Nesse contexto, o consentimento do paciente ou de sua família em descontinuar um tratamento médico desproporcional, extraordinário ou fútil não alteraria o caráter criminoso da conduta. Em outras palavras, não haveria diferença entre o ato de não tratar um enfermo terminal seguindo sua própria vontade e o ato de intencionalmente abreviar-lhe a vida, também a seu pedido.[4]

Seguindo o padrão de países como Bélgica, Canadá, Espanha, Estados Unidos, França, Holanda, Itália, México, Reino Unido e Uruguai, o Conselho Federal de Medicina do Brasil editou uma resolução pela qual passa a admitir a *ortotanásia*, isto é, a limitação do tratamento acompanhada de cuidados paliativos. Sem mencionar a *eutanásia* e o *suicídio assistido* – que continuam proibidos, segundo entendimentos do CFM –, a nova norma procura conciliar a autonomia individual, a dignidade humana e a ética profissional, que poderia ser vulnerada pela obrigatoriedade de realização de um tratamento fútil, desproporcional e ocioso.

A despeito de sua consonância com a orientação da Associação Médica Mundial, da Organização das Nações Unidas para a Educação, a Ciência e a Cultura e da Corte Europeia de Direitos Humanos, a resolução do CFM foi duramente atacada no Brasil. Acusada pelo Ministério Público Federal de ser um *artifício homicida*, cujo objetivo seria o "mero desejo de dar ao homem, pelo próprio homem, a possibilidade de uma decisão que nunca lhe pertenceu", a norma permaneceu suspensa pela Justiça Federal de primeiro grau por vários anos. Tratava-se de um retorno ao estado anterior de coisas, no qual o paciente tinha descaracterizada a sua condição de sujeito de direitos, sendo reduzido a mero objeto do modelo biomédico intensivista e interventor. Não creio que tal situação seja compatível com um regime constitucional que assegure plenamente a autonomia individual, do começo ao fim da vida.

Veja-se que não se está a defender nenhuma guinada radical que possa interferir na proteção do direito à vida. Na Alemanha, por exemplo, o Tribunal Constitucional Federal declarou inconstitucional uma lei que proibia anúncios comerciais de clínicas que realizam a *eutanásia*, pois entendeu que a proibição dificultava o exercício da autonomia privada por quem optasse pela abreviação assistida da própria vida. O CFM foi prudente ao adotar a normatização da *ortotanásia*. Punir o médico que cumpra esse protocolo, de comum acordo com o paciente ou seu representante legal, significaria desumanizar a profissão e o próprio paciente, condenando-o a sofrimento, humilhação, intrusões corporais indevidas e aviltamento da sua dignidade. A pretexto de proteger o indivíduo de si mesmo, esse entendimento acaba por se converter no mais cruel dos paternalismos – aquele que prolonga a vida do paciente para submetê-lo a uma espécie de tortura.

No melhor texto que já li sobre o tema em língua portuguesa, a jurista Letícia Martel faz uma defesa firme e consistente da *ortotanásia* como solução mais adequada para assegurar a morte digna a pacientes terminais, desde que seja essa a sua vontade.[5] Há que se cercar essa manifestação de consentimento das mais severas cautelas, de forma a garantir que o paciente ou seu representante legal possam tomar a decisão mais informada possível. A padronização desses processos e dos diagnósticos médicos em que se admite a escolha pela *ortotanásia* confere maior segurança jurídica a pacientes, familiares e profissionais de saúde. Depois de alguns anos suspensa, a resolução do CFM finalmente entrou em vigor, com a decretação da improcedência da ação promovida pelo Ministério Público Federal.

Se, por razões filosóficas ou religiosas, alguém optar pelo prolongamento da existência mediante uso da tecnologia médica, na plenitude do *estado da arte*, ao Estado não cabe intervir para abreviá-la. Se a outro, no entanto, parecer mais razoável despedir-se em momento anterior, no limite máximo de sua dignidade, a ninguém deve caber impedir.

Mínimo existencial: as condições da liberdade

O mínimo existencial consiste na medida necessária e suficiente das condições materiais, intelectuais e psicológicas para que todos os indivíduos tenham igual acesso às diferentes dimensões da liberdade. Sem essas condições mínimas, as liberdades se convertem em proclamações formais destituídas de efeito prático. A liberdade igual, para ser real, deve englobar, portanto, essa parcela equalizadora de direitos sociais e econômicos, que representam, por assim dizer, as condições mínimas da dignidade humana.

O socialismo e a social-democracia postulam a *igualdade de resultados* entre as pessoas como requisito para a justiça social. Por que a riqueza não deveria ser distribuída como, por exemplo, o direito de sufrágio, fundado no princípio *one-person one-vote* (a cada pessoa um voto), base da igualdade política? Creio que existem duas ordens de argumentos morais contrários a essa ideia de igualdade material entre todos os indivíduos.

A primeira ordem de argumentos tem natureza deontológica, isto é, baseia-se numa questão de *princípio*: não é justo que o Estado imponha um padrão de igualdade material aos indivíduos. As pessoas nascem diferentes e têm, ao longo da vida, opções diferentes que resultam em situações socioeconômicas diferenciadas. Ao lado das loterias genética e social, existem também escolhas conscientes que os indivíduos fazem acerca dos riscos que querem correr, assim como do tempo que desejam dedicar ao estudo, ao trabalho e ao lazer. Alguns são vocacionados ao empreendedorismo e têm grande apetite pelo risco. Outros, ao contrário, optam por ser assalariados e não gostam de tomar decisões. Outros, ainda, preferem se dedicar ao funcionalismo público, valorizam a estabilidade e nutrem aversão ao risco. Todas essas circunstâncias e escolhas resultam num quadro de desigualdade inevitável entre as pessoas. De um lado, há algo de inexoravelmente aleatório no país, na classe social e na família em que nascemos. De outro lado, há certo vínculo causal entre o que escolhemos fazer e os resultados que colhemos em nossas vidas.

A segunda ordem de argumentos tem natureza *consequencialista*, isto é, fundamenta-se nos resultados da escolha moral: não é bom que o Estado imponha um padrão de igualdade material aos indivíduos. Ao impor um limite máximo de remuneração ou de acumulação de riquezas, que incentivos o Estado produzirá nas pessoas? O estímulo ao estudo e ao trabalho duro não pode depender apenas do altruísmo dos cidadãos. Imaginem uma sociedade em que não se reconheçam direitos autorais nem direitos de patente industrial, por exemplo. Como justificar investimentos bilionários na pesquisa de novos medicamentos sem um possível retorno? Como incentivar a inovação tecnológica se a riqueza oriunda de novos aplicativos não poderá ser apropriada por seus inventores? Como estimular novos modelos de negócios se não houver alguma expectativa de lucro? O resultado de uma sociedade assim poderia até ser um certo patamar de igualdade entre as pessoas, mas certamente a igualdade na pobreza.

Isso tudo sem falar que a limitação severa dos direitos sobre os meios de produção acaba resultando num grande aumento do poder do Estado, o que, historicamente, favorece o florescimento de ditaduras e a incidência de corrupção. Existe, como nos mostraram os economistas Friedrich Hayek[6] e Milton Friedman,[7] uma relação entre liberdade econômica e liberdades públicas em geral. O Estado, como agência central redistributiva de recursos, tende a ser não apenas ineficiente, mas também corrupto e autoritário. A excessiva concentração do poder econômico pavimenta o caminho para a excessiva concentração do poder político. Se isso é verdade para o setor privado, também o é para o setor público.

Então a pergunta correta passa a ser: qual a justa medida de igualdade, necessária e suficiente para assegurar liberdade de forma equitativa a todos? John Rawls formulou o princípio da igualdade em dois postulados complementares. No primeiro, apresentou o princípio da *igualdade de oportunidades*, pelo qual os postos sociais devem estar abertos a todos, sem discriminações e favorecimentos. Já no segundo, estabeleceu o chamado *princípio da diferença*. De acordo com esse princípio, as desigualdades não só podem como devem existir, contanto que gerem benefícios para os menos favorecidos. Em última análise, toda desigualdade social, para ser tolerada, deve ter uma razoável justificação ética, correspondente ao benefício que gera para os demais membros da sociedade. A proposta de Rawls, baseada na suposta injustiça da distribuição de talentos naturais e circunstâncias sociais, não é compatível com a ideia da liberdade igual.

A reação mais eloquente à obra de Rawls é representada pelo livro *Anarquia, Estado e utopia*, do filósofo norte-americano Robert Nozick.[8] Das inúmeras objeções formuladas, destacam-se duas: a) a liberdade subverte padrões de distribuição da riqueza, não havendo como conciliá-la com uma intervenção constante do Estado para promover a igualdade de resultados entre os indivíduos; b) o *princípio da diferença*, ao chegar às raias de pretender não apenas diminuir as diferenças sociais, mas também desconsiderar as diferenças naturais entre as pessoas, viola o ideal liberal clássico, afirmado por Kant, de que cada homem é um fim em si mesmo, não podendo ser mero instrumento de outros homens.[9]

A primeira crítica prende-se ao fato de que em um regime de liberdades não é possível estabelecer um padrão único de distribuição de bens. Segundo Nozick, "não há distribuição central, nenhuma pessoa ou grupo que tenha o direito de controlar todos os recursos, decidindo em conjunto como devem ser repartidos. O que cada pessoa ganha ou recebe de outros, o que dão em troca de alguma coisa ou como presente. Na sociedade livre, pessoas diferentes podem controlar recursos diferentes e novos títulos de propriedade surgem das trocas e ações voluntárias de pessoas. O resultado total é produto de muitas decisões individuais que os diferentes indivíduos têm o direito de tomar".[10]

A segunda crítica diz respeito à justiça ou injustiça da distribuição dos talentos naturais humanos. Rawls tem a seu favor o argumento moral de que os talentos são resultado de uma loteria genética, e que, portanto, nós não os *merecemos*. Seriam eles, antes, *ativos sociais*, o que legitimaria seu uso em prol dos menos favorecidos. A réplica de Nozick a essa explicação é de difícil refutação: se minha inteligência, meu corpo, e até meu caráter, como afirma Rawls, não são propriamente meus, o que resta de mim? Esse homem despido de seus caracteres mais elementares simplesmente não existe, caindo-se numa metafísica inaceitável. Para Nozick, a loteria genética – assim como a loteria social – é apenas um fato, sobre o qual não se há de formular um juízo moral.

Realmente, existe algo de imponderável no quadro da desigualdade entre as pessoas que envolve circunstâncias sociais muitas vezes aleatórias e escolhas diferentes por parte de cada um. As diferenças socioeconômicas não são o problema mais grave, mas o seu grau elevado e a existência de pobreza e miséria, que impedem o exercício da liberdade. Há um patamar mínimo de condições aquém do qual não se pode cogitar da existência de verdadeira liberdade por quem quer que seja. Assim, em vez de se defender a inviável igualdade de resultados socioeconômicos – injusta e indesejável do ponto de vista moral, inatingível do ponto de vista prático –, melhor falar na busca de uma igualdade básica de oportunidades, a *igualdade suficiente*. Além de menos populista, é mais factível.

A *igualdade suficiente* pressupõe a criação de condições materiais, intelectuais e psicológicas para que todos os indivíduos tenham acesso às diferentes dimensões da liberdade. As próprias trocas sociais e a cooperação política, essencial para a democracia, dependem da conquista desse grau mínimo de igualdade. As políticas públicas de renda mínima e de acesso à educação, à saúde e à assistência social para pessoas vulneráveis devem ser entendidas como instrumentos de garantia do mínimo existencial e de equalização de oportunidades básicas. Não há incompatibilidade alguma entre tais políticas e a defesa da liberdade de maneira incondicional. Antes, ao contrário, sua existência deve ser vista como ponto de partida para uma sociedade que assegure liberdade igual a todos.

Posfácio

Quais as agências internas e externas que nos fazem ser como somos, agir como agimos e escolher o que queremos? Quais e em que medida essas condicionantes chegam a suprimir a liberdade humana, tornando-a mera figura de retórica? Ao longo dos séculos, a religião, a filosofia e a ciência se revezaram na tentativa de erigir sistemas de determinismo que procuravam explicar tudo sobre o nosso passado, presente e futuro. Essas grandes narrativas gravitaram em torno de Deus, da história, do mercado, da biologia e, mais recentemente, da neurologia, propondo teorias que traçavam uma origem e um destino para a espécie humana. É difícil hoje engolir integralmente suas contribuições sem que haja espaço para o acaso e a iniciativa pessoal.

A pandemia da Covid-19, que varreu os quatro cantos do mundo em 2020, foi um tremendo desafio à capacidade de adaptação da espécie humana. Sua força letal não adveio de intempéries terríveis da natureza, como terremotos, inundações ou incêndios. Além de nos obrigar a lavar as mãos, o novo coronavírus nos impôs uma escolha tão simples quanto dura: a liberdade em troca da vida. As regras de isolamento e distanciamento social tiveram um preço elevado para a economia mundial, exigindo providências de assistência humanitária aos vulneráveis ainda mais significativas do que em tempos de normalidade. Talvez as formas de sociabilidade tenham de ser reinventadas, com maiores controles e novos padrões de comportamento. Mas essas serão, ao longo do tempo, escolhas individuais e coletivas que faremos como um genuíno exercício de liberdade. Simone de Beauvoir dizia que o homem nasce livre, mas o acaso tem sempre a última palavra. Não concordo: a última palavra é de quem sobrevive ao acaso.

Na alegoria bíblica, provar do fruto da árvore do discernimento representou a saída do homem do Jardim do Éden e, por conseguinte, do mundo do determinismo animal. Embora conservando os instintos básicos dos primatas, o homem alcançou a consciência da própria existência e passou a experimentar a angústia da finitude. De outro lado, passou também a refletir sobre o que deve ou não fazer, no compromisso ético contínuo com seus semelhantes. De seres autômatos, tornamo-nos autônomos, com toda a carga de responsabilidade que isso importa. A invenção do humano é a invenção da liberdade, um evento extraordinário e único na história.

Notas

APRESENTAÇÃO
LIBERDADE IGUAL: O QUE É E POR QUE ELA IMPORTA

1. Essa noção se aproxima do primeiro imperativo categórico de Kant, segundo o qual o ato individual deve ter sempre uma validade ética universal. Ver: Immanuel Kant, *Fundamentação da metafísica dos costumes* (São Paulo: Martin Claret, 2008).
2. Isaiah Berlin, "Dois conceitos de liberdade", in: *Quatro ensaios sobre a liberdade* (Brasília: UnB, 1981, pp. 133-175).
3. Raymond Aron, *Essai sur les libertés* (Paris: Calmann-Lévy, 1976): "*Là où les libertés formelles ont été supprimées, en Europe de l'Est par exemple, elles apparaissent à ceux qui en sont privés étrangement réelles.*"
4. John Rawls, *O liberalismo político* (São Paulo: Ática, 2000, p. 345). Esse princípio tinha a seguinte dicção na versão original de outro livro do autor, *Uma teoria da Justiça* (São Paulo: Martins Fontes, 2016): "Cada pessoa deve ter igual acesso ao mais extenso sistema de liberdades e igualdades básicas que seja compatível com um sistema de liberdades idêntico para as outras."
5. Immanuel Kant, op. cit.
6. Ricardo Lobo Torres, *O direito ao mínimo existencial* (Rio de Janeiro: Renovar, 2009). Ver também, do autor: "O mínimo existencial e os direitos fundamentais" (*Revista de Direito Administrativo*, nº 177, 1989, pp. 20-49).
7. Ricardo Lobo Torres, "A cidadania multidimensional na era dos direitos", in:

Ricardo Lobo Torres (org.), *Teoria dos direitos fundamentais* (Rio de Janeiro: Renovar, 1999, p. 263).
8. José Guilherme Merquior, *A natureza do processo* (Rio de Janeiro: Nova Fronteira, 1982, p. 103).
9. Carlos Santiago Nino, *Fundamentos de Derecho Constitucional – Análisis filosófico, jurídico y politológico de la práctica constitucional* (Buenos Aires: Editorial Astrea, 1992, pp. 705-706).
10. Ronald Dworkin, *Taking Rights Seriously* (Cambridge University Press, 1977, p. 273); e *Law's Empire* (Massachusetts, Cambridge University Press, 1986, p. 297).
11. Doutrina cristã predominante durante a Idade Média, a Escolástica buscava associar a fé à razão.

1. Liberdade de expressão e de informação

1. Martin Heidegger, *A caminho da linguagem* (Rio de Janeiro: Vozes, 2003).
2. John Stuart Mill, *On liberty* (Kitchener: Batoche Books, 2001).
3. Desidério Murcho, *O argumento epistêmico de John Stuart Mill a favor da liberdade de expressão*. Comunicação apresentada na II Jornada de Filosofia e Direitos Humanos. Universidade de Londrina (PR), 17-18 ago. 2006.
4. Epístola de Paulo a Tito, versículo 15, capítulo 1.
5. Discurso proferido em audiência pública no Supremo Tribunal Federal em 21 de novembro de 2013.
6. Decisão do Tribunal de Justiça da União Europeia.

2. Liberdade religiosa e laicidade estatal

1. Carlos Emmanuel Joppert Ragazzo, *O dever de informar dos médicos e o consentimento informado* (Curitiba: Juruá, 2007, p. 40s).
2. O *princípio do dano* foi originalmente formulado por John Stuart Mill em sua majestosa obra *On liberty* (Kitchener: Batoche Books, 2001).
3. Bruno Marini, *O caso das Testemunhas de Jeová e a transfusão de sangue: uma análise jurídico-bioética*, extraído de Jus navigandi. Disponível em: <http://jus2.uol.com.br/doutrina/texto.asp?id=6641&p=2>. Acesso em: 7 dez. 2009.
4. Damares Regina Alves: pastora evangélica e ministra da Mulher, da Família e dos Direitos Humanos do governo Jair Bolsonaro.

3. Liberdade política

1. O termo *accountability*, oriundo do inglês, não tem tradução exata em português. É usado para designar a responsabilização política de agentes públicos pelos meios de controle próprios da democracia constitucional.

2. Silvia Porto Buarque de Gusmão, "O humorismo político levado a sério pelo Supremo Tribunal Federal: análise do julgamento da ADI nº 4.451-MC", in: Beatriz Bastide Horbah e Luciano Felício Fuck (orgs.), *O Supremo por seus assessores* (São Paulo: Almedina, 2014, pp. 259-266).
3. Alexander Hamilton, *Federalist nº 78* (editado por Jacob E. Coke, 1961, p. 523).
4. A metáfora do *legislador negativo* foi usada pelo jurista austríaco Hans Kelsen para representar o papel dos Tribunais Constitucionais de eliminar leis inconstitucionais do ordenamento jurídico.
5. Robert Alexy, "Direitos fundamentais no Estado constitucional democrático – Para a relação entre direitos do homem, direitos fundamentais, democracia e jurisdição constitucional". *Revista de Direito Administrativo*, nº 217 (jul.-set. 1999, p. 66).
6. Robert Alexy. "Ponderação, jurisdição constitucional e representação", in: *Constitucionalismo discursivo*. Tradução de Luís Afonso Heck (Porto Alegre: Livraria do Advogado, 2007, pp. 155-166).

4. Liberdade de iniciativa

1. Norbert Reich, *Mercado y Derecho* (Madrid: Editorial Ariel,1985).
2. Bernard Shaw, *"Economy is the art of making the most of life"*. Disponível em: <https://management.viu.ca/economics/definitions>. Acesso em: 16 abr. 2020.
3. Representação nº 930, relator para o acórdão ministro Rodrigues Alckmin (relator originário, ministro Cordeiro Guerra, Tribunal Pleno, julgamento em 5 mai. 1976, DJU de 2 set. 1977). O acórdão foi posteriormente confirmado em sede de embargos infringentes, relator ministro Antonio Neder, julgamento em 25 out. 1978, DJU de 27 abr. 1979.
4. RE nº 511.961, relator ministro Gilmar Mendes, Tribunal Pleno, julgamento em 17 jun. 2009, DJU de 13 nov. 2009.
5. Fernando Dias Menezes Almeida, "Poder de polícia: alguns aspectos extraídos de decisões recentes do Supremo Tribunal Federal", in: Odete Medauar & Vitor Rhein Schirato (orgs.), *Poder de polícia na atualidade* (Belo Horizonte: Fórum, 2014, p. 315).
6. RE nº 414.426, relatora ministra Ellen Gracie, Tribunal Pleno, julgamento em 1º ago. 2011, DJU de 7 out. 2011.
7. Calha lembrar, a propósito, trecho lapidar do voto proferido pelo ministro Celso de Mello no julgamento do habeas corpus nº 82.424/RS, relator ministro Moreira Alves, relator para acórdão ministro Maurício Corrêa, Tribunal Pleno, julgamento em 17 set. 2003, DJU de 19 mar. 2004: "A Constituição, ao subtrair o processo de criação artística, literária e cultural da interferência, sempre tão expansiva quão prejudicial, do poder público, mostrou-se atenta à grave

advertência de que o Estado não pode dispor de poder algum sobre a palavra, sobre as ideias e sobre os modos de sua divulgação. Digna de nota, neste ponto, a sempre lúcida ponderação de Octavio Paz (*O arco e a lira*, Rio de Janeiro: Nova Fronteira, 1982, p. 351), para quem 'nada é mais pernicioso e bárbaro que atribuir ao Estado poderes na esfera da criação artística. O poder político é estéril, porque sua essência consiste na dominação dos homens, qualquer que seja a ideologia que o mascare (...)'."

5. Liberdades existenciais e autonomia privada

1. Reino Unido. Câmara dos Lordes, *R. v. Brown. [1993] All ER 75*. A decisão foi confirmada pela Corte Europeia de Direitos Humanos. Ver: *Laskey, Jaggard and Brown v. United Kingdom*, 1997.
2. Alemanha, *BVerwGE* 64:274, 1981, apud Deryck Beyleveld & Roger Brownsword, *Human dignity in bioethics and biolaw* (Oxford: Oxford University Press, 2004, p. 34).
3. O aresto está publicado em *L'actualité juridique droit administratif – AJDA*, vol. 51, p. 942s, 1995. Sobre o caso, ver: René Chapus, *Droit administratif*, tomo I (Paris: Montchrestien, 1999, pp. 708-711).
4. Letícia Martel e Luís Roberto Barroso, *Dignidade e autonomia individual no final da vida*. Disponível em: <https://www.conjur.com.br/2012-jul-11/morte-ela-dignidade-autonomia-individual-final-vida>. Acesso em: 14 fev. 2020.
5. Letícia Martel, *Direitos fundamentais indisponíveis: os limites e os padrões do consentimento para a autolimitação do direito fundamental à vida*. Tese de doutorado, Rio de Janeiro: Uerj, 2010.
6. Friedrich Hayek, *O caminho da servidão* (São Paulo: Mises Brasil, 2012).
7. Milton Friedman, *Capitalismo e liberdade* (São Paulo: GEN LTC, 2014).
8. Robert Nozick, *Anarquia, Estado e utopia* (Rio de Janeiro: Zahar, 1991).
9. Immanuel Kant, *Fundamentação da metafísica dos costumes* (São Paulo: Martin Claret, 2008).
10. Robert Nozick, op. cit.